可搜索公钥加密原理与设计

方黎明　刘哲　袁瑷　葛春鹏　著

科学出版社
北　京

内 容 简 介

带关键字搜索公钥加密研究在近些年已经取得了不少成果，但是还有很多问题亟待解决。为此，本书首先对带关键字搜索公钥加密自身的安全性问题展开研究，包括无安全信道、陷门撤销、关键字猜测攻击等问题；接着研究了带关键字搜索加密（PEKS）与公钥加密（PKE）结合的方案；最后研究了带关键字搜索加密与条件代理重加密（CPRE）结合的方案。

本书可作为高等院校网络空间安全、信息安全等相关的计算机专业的高年级本科生、研究生的参考用书，也可供从事相关行业的工程技术人员与研究人员参考，还可作为密码学爱好者的参考读物。

图书在版编目（CIP）数据

可搜索公钥加密原理与设计/方黎明等著. —北京：科学出版社，2019.9

ISBN 978-7-03-062058-3

Ⅰ. ①可…　Ⅱ. ①方…　Ⅲ. ①公钥密码系统-研究　Ⅳ. ①TN918.4

中国版本图书馆 CIP 数据核字（2019）第 168428 号

责任编辑：刘　博　高慧元 / 责任校对：郭瑞芝
责任印制：张　伟 / 封面设计：迷底书装

科 学 出 版 社 出版
北京东黄城根北街 16 号
邮政编码：100717
http://www.sciencep.com

北京凌奇印刷有限责任公司 印刷

科学出版社发行　各地新华书店经销

*

2019 年 9 月第　一　版　开本：720×1000　1/16
2019 年11 月第二次印刷　印张：7 1/4
字数：146 000

POD定价：　80.00元
（如有印装质量问题，我社负责调换）

前　言

随着云计算技术的迅速发展，越来越多的用户开始将数据迁移到云端服务器，以此避免烦琐的本地数据管理并获得更加便捷的服务。为了保证数据安全和用户隐私，数据一般是以密文的形式存储在云端服务器中，但是用户将会遇到如何在密文上进行查找的难题。可搜索加密(Searchable Encryption，SE)是近年来发展起来的一种支持用户在密文上进行关键字查找的密码学原语，它能够为用户节省大量的网络和计算开销，并充分利用云端服务器庞大的计算资源进行密文上的关键字查找。

近几年，可搜索公钥加密研究已经取得了不少成果，但是还有很多问题亟待解决，相关研究者也提出了许多关于可搜索公钥加密的公开问题。为此，本书首先对可搜索公钥加密自身的安全性问题展开介绍，包括无安全信道、陷门撤销、关键字猜测攻击等问题；接着阐述了可搜索加密与公钥加密结合的方案；最后分别介绍三种可搜索加密与条件代理重加密结合的方案，并详细阐述可搜索加密自身安全性，可搜索加密与公钥加密结合的方案，可搜索加密与条件代理重加密结合的方案。本书吸收了国内外同行的研究方法及成果，并总结了自己的研究及学习成果，从而帮助读者全面了解可搜索公钥加密，由此形成了本书的内容。

本书结构合理，内容清晰，问题与方法相结合，理论与实践相结合，力求内容能够针对实际问题有一定的创新性和实用性。

在本书的研究和形成过程中，感谢我的导师王建东教授的悉心指导和帮助，是他把我引入了这个研究领域。感谢课题组成员刘哲教授、葛春鹏博士和刘亮博士等在本书内容的理论及方法上提出的建议与帮助。感谢领导和同事在本书编写和出版过程中给予的关心和帮助。

本书是在国家自然科学基金面上项目“支持多关键词复杂匹配的可搜索代理重加密研究”(No. 61872181)、国家自然科学基金项目“可搜索公钥加密关键安全性问题的研究”(No. 61300236)和江苏省基础研究(自然科学基金)项目“带多关键字搜索的公钥加密的研究”(No. BK20130809)的资助下完成的。

方黎明

2019年5月

目　录

第 1 章　绪　　论

随着云计算技术的迅速发展，用户数据在第三方存储处理的安全性问题日益凸显，而传统的加密技术无法适应这一特殊环境，很多应用中需要第三方去检测密文中是否含有特定关键字而非解密密文，为解决这一问题，带关键字搜索公钥密码被提出。本章介绍了可搜索公钥加密研究的背景，提出了可搜索公钥加密在云计算环境中的重要性，总结了相关节能协议的研究现状，分析了可搜索公钥加密体制对数据分享与处理的影响和挑战，最后给出了本书的主要研究工作及组织结构。

1.1　研究背景

1949 年，Shannon 发表了题为《保密通信的信息理论》的文章，为密码学的发展奠定了理论基础。到了 20 世纪 70 年代，近代密码学得到了快速发展。70 年代后期，美国国家标准学会正式公布实施了美国的数据加密标准，并批准该算法用于非保密单位及商业上的保密通信。同时，公钥密码思想被 Diffie 和 Hellman 提出，受该思想的启发，公钥密码被提出：由 Rivest 等提出的 RSA 公钥密码体制；基于合数模下求解平方根的困难性的“Rabin 体制”；基于离散对数问题的 ElGamal 公钥密码体制；基于有限域上椭圆曲线加法群离散对数问题的困难性的椭圆曲线密码系统；之后 Koblitz 又对椭圆曲线系统作了推广，提出了超椭圆曲线密码系统。

在公钥密码体制下，通常需要数字证书确认身份。然而，使用数字证书也带来了存储和管理开销的问题。为了克服这个缺点，Shamir 在 1985 年提出了基于身份的密码系统(Identity-Based Cryptosystem)的概念。其主要观点是：使用用户的唯一标识如 IP 地址、电子邮件地址等作为公钥，简化了基于证书的密码系统烦琐的密钥管理机制。

虽然对称加密算法、基于 PKI 的一般公钥加密体制以及基于身份的加密体制对保证数据保密性具有重要价值，但面对新的应用还存在很多不足。在实际应用中，很多时候需要第三方去检测或者验证密文中是否含有某些关键字而非解密密文。例如，在智能电子邮件路由选择中，服务者在收到加密的电子邮件的时候是完全随机的，但服务者需要在不解密电子邮件密文的前提下选择正确的路由。又如，对于安全数据管理来说，在分布式或者云计算环境下，数据通常在加密后由第三方服务者保存，服务者需要对加密的数据在不解密的条件下进行管理操作，如通过关键字搜索整理文件等。带关键字搜索公钥加密方案真正实现了在不解密的条件下对密文进行是否包含某关键字的测试功能，很好地弥补了传统加密算法的不足。微软研究院密码技术小组的 Kamara 和 Lauter 在题为 *Cryptographic Cloud Storage* 的白皮书中，提出了用带关键字搜索公钥加密技术实现“虚拟的私有云服务”，这是一种由公有云使用带关键字搜索公钥加密技术实现云提供商对加密数据的安全服务，即云服务提供者可以对用户加密数据在不解密的条件下进行搜索，解决了备份、归档、健康记录系统、安全数据交换及电子发掘等安全问题。带关键字搜索公钥加密颠覆了传统加密无法对密文进行直接操作的缺陷，因此对带关键字搜索公钥加密技术进行深入研究具有重要的理论意义和应用价值。

1.2　研究现状及分析

为了实现智能加密电子邮件路由选择，即实现第三方可以检测或者验证密文中是否含有某些关键字而非解密密文，Boneh 等在 2004 年提出了带关键字搜索公钥加密方案(Public Key Encryption with Keyword Search，PEKS)。该方案的基本思想如下：Bob 发送密文 $\tilde{C}[\tilde{C}=(C_{\text{PKE}} \| C_{\text{PEKS}})=(\text{PKE}(\text{pk}_A,m) \| \text{PEKS}(\text{pk}_A,w))]$ 给 Alice，其中 pk_A 是 Alice 的公钥，C_{PKE} 是 Bob 用 pk_A 加密的密文消息，w 是 Bob 想附加在邮件中的关键字(如“紧急的”)。Alice 能够通过安全信道提供给服务者一个特定的陷门 T_w(Alice 对某个关键字 w 构造的陷门)，这使得服务者能够测试消息 C_{PEKS} 中所加密的关键字是否和 Alice 所选的关键字 w 相等。即给定密文 $\text{PEKS}(\text{pk}_A,w')$，拥有陷门 T_w 的服务者能够验证等式 $w=w'$。除了知道等式 $w=w'$ 成立与否之外，服务者不知道关于 w' 的更多的消息。简而言之，带关键字搜索公钥加密提供了这样的一个机制：通过提供给服务者关键字的陷门，Alice 能够让邮件服务者测试加密邮件是否含有某个关键字，同时，邮件服务者和除 Alice 之外其他参与方不知道邮件的任何信息。紧随 Boneh 等的开创性工作，Waters 等提出的带关键字搜索公钥加密方案，能够应用于对加密的日志进行关键字搜索，已达到对保密信息审查的目的。Golle 等与 Park 等都提出了允许对加密的数据做连接的关键字查询的方案。Zhang 等提出了更有效支持连接的关键字查询的带关键字搜索加密方案。Boneh 和 Waters 扩展了带关键字搜索公钥加密，使它支持对关键字的连接词、子集、范围比较等进行查询。之后，有学者还研究了带关键字搜索公钥加密和公钥加密(PKE)相结合方案的安全性，以及带关键字搜索公钥加密和代理重加密(PRE)结合方案的安全性。

Baek等发现Boneh等带关键字搜索公钥加密方案需要在接收者和邮件服务者之间建立一个安全信道，这使得带关键字搜索公钥加密方案不太实用，因为接收者和服务者之间需要安全信道意味着接收者不能利用正常的不安全信道，如 4G 和 Wi-Fi，或者至少需要一个安全的 SSL 连接，这是相当昂贵的。为了解决安全信道问题，Baek 等给出了无安全信道的带关键字搜索公钥加密(Secure Channel Free Public Key Encryption with Keyword Search，SCF-PEKS)方案的定义和相应的构造，该方案有时也被称为指定测试者的带关键字搜索公钥加密方案(Searchable Public Key Encryption with Designated Tester，DPEKS)。然而，Baek 等的构造依赖于随机预言机，这并不能反映现实世界中的安全性。2007 年，Gu 等提出了一个更有效的随机预言机模型下的无安全信道的带关键字搜索公钥加密方案。2009 年，Rhee 等增强了 Baek 等的安全模型，即允许攻击者获得非挑战密文和陷门之间的关系(即获得测试查询的结果)，并提出了一个增强模型下基于随机预言模型的无安全信道的带关键字搜索公钥加密方案。

在实际应用中，每个人都会使用众所周知的关键字(Low Entropy)，如“紧急的”，附加在加密的邮件中。这个特性导致了带关键字搜索公钥加密的一个重要的攻击，称为关键字猜测攻击(Keyword Guessing Attack，KGA)，在这种攻击中，一个恶意的攻击者能够成功地猜测一些候选的关键字，并且以离线的方式验证他的猜测。通过这种离线的关键字猜测攻击，恶意攻击者能够获得加密邮件的相关信息，从而获得关键字。这个攻击最初是由 Byun 等在 2006 年提出来的，他们观察到 Merriam-Webseter 的学术字典仅仅包含 225000 个关键字的定义，也就意味着通常的关键字来源于此。更进一步，Byun 等还指出了 Boneh 等的方案不能抵抗关键字猜测攻击。如果在带关键字搜索公钥加密方案中，关键字猜测攻击能够被成功地实施，那么攻击者就能够知道哪个关键字是接收者和发送者所用的关键字。因此，攻击者破坏了带关键字搜索公钥加密方案的安全性。受 Byun 等工作的启发，Yau 等提出了离线关键字猜测攻击一些最新的带关键字搜索公钥加密方案。

尽管带关键字搜索公钥加密体制的研究已经取得不少成果，但是还有很多问题亟待解决，具体问题如下。

(1) 标准模型。一个好的加密算法首先应该是安全的，而安全问题的研究首先要归结到安全模型上，恰当的安全模型能够很好地体现安全目标。传统加密系统的安全模型已经被广泛深入地研究，如何把这些安全模型扩展到带关键字搜索公钥加密系统环境中，建立带关键字搜索公钥加密系统安全模型是证明一个带关键字搜索公钥加密算法是否安全的基础。而现有的方案在证明过程中通常会依赖随机预言模型(Random Oracle Model，ROM)来完成，因为在随机预言模型中，哈希函数通常被理想化为完全随机均匀的，即输入和输出之间不存在确定的关系，证明者可以按需构造，因此容易实现对方案安全性证明。现有的无安全信道的带关键字搜索公钥加密方案都是在随机预言模型下可证安全的。然而，随机预言模型有其局限性，因为存在在随机预言模型下可证安全的但在实际应用时却是不安全的方案。因此，实际应用中迫切需要在标准模型(Standard Model，SM)下可证安全的方案。

(2)安全信道问题。带关键字搜索公钥加密方案中，需要安全信道来传送陷门，但构建安全信道通常需要付出较大的代价，能否在公开信道直接传送陷门呢？

(3)关键字猜测攻击问题。带关键字搜索公钥加密容易遭受关键字猜测攻击，微软研究院密码技术小组的 Kamara 和 Lauter 在题为 *Cryptographic Cloud Storage* 的白皮书中，提出了用带关键字搜索公钥加密技术实现加密的存储服务，同时该文把关键字猜测攻击作为一个影响应用的关键问题。而 Byun 等在 SDM 2006 上把关于构造抗关键字猜测攻击的带关键字搜索公钥加密方案作为公开问题。

(4) Trapdoor 撤销问题。在带关键字搜索公钥加密系统中，接收者根据需要的关键字产生相应的 Trapdoor，并发送给相应的服务者来测试，撤销发送给服务者的 Trapdoor 相当于撤销关键字，而关键字信息大多是不容易改变的，因此 Trapdoor 撤销是带关键字搜索公钥加密系统面临的另一重要难题。在 PKI 系统中，公钥证书起着非常重要的作用，陌生实体能够通过证书验证过程实现互相信任、安全通信。证书通常由权威机构 CA 来签名，在证书的生命周期内绑定用户名和公钥。由于存在用户私钥泄露或者用户工作调动等原因，原有的证书必须被提前废除，因而需要一种高效的证书撤销机制来安全地发布证书状态信息，供用户实体在验证数字证书有效性时查询数字证书状态。在 PKI 体制中，目前提出了许多方案来撤销证书。但是在带关键字搜索公钥加密系统中，这一方法是行不通的。因为一方面实现关键字证书系统需要很大的开销，另一方面接收者并不希望关键字被公开，关键字证书实际上破坏了带关键字搜索公钥加密的安全性。所以，简单而有效的 Trapdoor 撤销方法也是带关键字搜索公钥加密系统必须研究的重要问题。

(5)带关键字搜索公钥加密与公钥加密相结合的安全性问题。通常带关键字搜索公钥加密算法只是加密了关键字，并没有加密实际的消息明文，也就是缺少密文的解密功能。在实际的应用中，需要带关键字搜索公钥加密算法跟公钥加密算法结合。然而，简单的结合会破坏原有公钥密码算法的安全性，例如，一个安全的带关键字搜索公钥加密算法简单结合一个 CCA 安全的公钥加密方案后却不一定是 CCA 安全的加密算法了。同样，Fuhr 和 Paillier 在 ProvSec 2007 会议上提出了一个关于构造标准模型下的可解密的带关键字搜索公钥加密的公开问题。

(6)带关键字搜索公钥加密与条件代理重加密相结合安全性问题。带关键字搜索公钥加密系统已经得到广泛关注，也在智能电子邮件路由选择和加密数据管理中得到了应用。但在条件代理重加密的应用环境中，需要代理者搜索的关键字与服务器存储的关键字相匹配才能进行重加密，这就需要把重加密与带关键字搜索公钥加密相结合。本书介绍了带关键字搜索的条件代理重加密方案，解决了 Weng 等在 AsiaCCS 2009 年会上提出的关于构造匿名条件代理重加密方案的公开问题。

综上所述，带关键字搜索公钥加密的关键安全问题已经影响了带关键字搜索公钥加密的应用，所以对上述关键问题进行深入研究是非常有意义的。

1.3　本书的主要研究工作及组织结构

1.3.1　主要研究工作

本书针对带关键字搜索公钥加密系统中存在的问题进行深入研究，具体工作如下。

进一步研究带关键字搜索公钥加密体制的安全目标及其数学定义，分析在不同攻击模型下各种安全目标之间的关系；深入研究带关键字搜索公钥加密体制安全性证明常用的两种数学模型，即随机预言模型和标准模型，并研究在这两种模型下进行安全性证明的归约证明方法。

深入研究带关键字搜索公钥加密方案，分析研究现有的方案及其存在的缺陷，解决 Trapdoor 传送的安全信道问题，本书致力于阐述标准模型下无安全信道的带关键字搜索公钥加密方案。

深入研究 Byun 等在 SDM 2006 提出的关于构造抗关键字猜测攻击的带关键字搜索公钥加密方案的公开问题，分析了对已知的带关键字搜索公钥加密方案的关键字猜测攻击类型，并重点研究形式化地定义抗关键字猜测攻击的无安全信道的带关键字搜索公钥加密方案的安全模型，并在这一模型下构造新的加密方案并证明其安全性。

深入研究带关键字搜索公钥加密方案的 Trapdoor 撤销问题，分析现有的方案存在 Trapdoor 无法撤销的缺陷，即带关键字搜索公钥加密方案中接收者在发出 Trapdoor 给服务者之后，无法高效地撤销发送出去的 Trapdoor。本书将重点研究高效安全的 Trapdoor 撤销方式，并致力于构造标准模型下安全的、可撤销的带关键字搜索公钥加密方案。

通常的带关键字搜索公钥加密方案并不提供加解密数据，为满足搜索到带有关键字的数据后对其解密的应用需要，要把带关键字搜索公钥加密方案和公钥加密方案结合起来，即构造可解密的带关键字搜索公钥加密方案。本书将重点研究可解密的带关键字搜索公钥加密方案，并致力于构造标准模型下安全、高效、可解密的带关键字搜索公钥加密方案。

1.3.2 本书的创新点

本书主要创新点如下。

本书构造了首个标准模型下的无安全信道的带关键字搜索公钥加密方案。另外，Baek 等的无安全信道的带关键字搜索公钥加密方案的安全模型缺少合理的测试查询，本书通过增加这一合理查询增强了安全模型，并提出了在增强安全模型下安全的、新的加密方案。针对关键字猜测攻击，本书给出了抗关键字猜测攻击的无安全信道的带关键字搜索公钥加密方案安全模型的首次形式化定义，并在这一模型下构造了加密方案并证明其安全性。解决了 Byun 等在 SDM 2006 提出的关于构造抗关键字猜测攻击的带关键字搜索公钥加密方案的公开问题。

针对带关键字搜索公钥加密方案中接收者在发出 Trapdoor 给服务者之后，无法高效地撤销发送出去的 Trapdoor 的问题，本书介绍的一种计算复杂性仅为关键字 Trapdoor 个数的对数的撤销方式，很好地解决了 Trapdoor 撤销这一问题。

通常的带关键字搜索公钥加密方案并不提供加解密数据的功能，本书阐述了一种在标准模型下高效的、可解密的带关键字搜索公钥加密方案。

本书将带关键字搜索公钥加密方案与条件代理重加密方案相结合，很好地解决了 Weng 等在 AsiaCCS 2009 年会上提出的匿名条件代理重加密这一公开问题，使得条件代理重加密方案可以实现代理者在不知道关键字的前提下完成关键字匹配搜索并实现重加密。

1.3.3 本书的组织结构

本书的主线如下。

本书针对包含三个关于带关键字搜索公钥加密公开问题的若干个关键问题开展研究。首先针对带关键字搜索公钥加密体制本身的安全问题进行研究，主要工作体现在第 3 章和第 5 章；其次分析带关键字搜索公钥加密与其他加密方案结合的安全问题，如第 4 章分析带关键字搜索公钥加密与公钥加密结合的方案，第 6 章分析带关键字搜索公钥加密与条件代理重加密结合的方案。

本书后续章节的安排如下。

第 2 章首先介绍本书所使用的记号及复杂性假设，其次介绍基于身份加密和带关键字公钥搜索加密的定义，并重点分析两者的关系，即由匿名基于身份加密方案来构造带关键字公钥搜索加密方案。

第 3 章首先介绍本书构造的标准模型下安全有效的无安全信道的带关键字搜索公钥加密方案，其次介绍增强的安全模型，最后介绍抗关键字猜测攻击的无安全信道的带关键字搜索公钥加密方案。

第 4 章主要介绍可解密的带关键字搜索公钥加密方案。

第 5 章讨论带关键字搜索公钥加密方案中高效地撤销 Trapdoor 的问题。

第 6 章讨论将带关键字搜索公钥加密方案用在代理重加密方案中，以解决匿名条件代理重加密这一问题。

第 7 章给出本书的工作总结和对今后进一步研究的展望。

第2章　前沿知识

公钥加密算法是当前应用最广泛的加密算法之一。本章基于已有的理论，介绍了本书用到的记号、双线性对、复杂性假设、可证安全性的基本理论。然后阐述基于身份的加密和带关键字搜索公钥加密，并重点讨论了两者之间的关系。

2.1 记号

本书使用大写字母命名一个集合，如$M=\{m_1,m_2,\cdots\}$的集合。$|M|$为集合的元素个数，$m_1\in M$意味着m_1是集合M的成员。如果M、R是集合，$M\subseteq R$表示M是R的子集，$M\subset R$表示M是R的真子集，即$M\subseteq R$且$M\neq R$。最后，N、R、Z分别表示非负整数集、实数集、整数集。

函数或映射$f:M\to R$是一种规则，其中M、R是集合，对每一个$m\in M$赋值一个精确的$r\in R$。

当涉及算法时，$S_I(\cdot)$表示算法有个输入，$S_I(\cdot,\cdot,\cdots)$表示不只一个输入。$Y\leftarrow S_I(x)$表示算法S_I输入x时输出y。如果S_I是概率性的，y则为一个随机变量。字符A表示恶意参与者执行的算法，通常是指攻击者。

最后，$\perp$表示算法或协议终止。

2.2 双线性对和复杂性假设

定义 2.1　双线性对(Bilinear Pairings)。

G_1是阶为素数p的循环群，g为G_1中的生成元，G_2是乘法循环群，且与G_1同阶。双线性对是指满足以下性质的映射$e:G_1\times G_1\to G_2$。

(1) 双线性。对于任意的$a,b\in Z_p$，$g_1,g_2\in G_1$，有$e(g_1^a,g_2^b)=e(g_1,g_2)^{ab}$。

(2) 非退化性。任意的$g_1,g_2\in G_1$，使得$e(g_1,g_2)\neq I_G$，其中I_G为群G_2的单位元。

(3) 可计算性。对于任意$g_1,g_2\in G_1$，存在高效的算法计算$e(g_1,g_2)$。

可以利用椭圆曲线上的 Weil 对和 Tate 对来构造有效的双线性对。

定义 2.2　DBDH 假设。

$e:G_1\times G_1\to G_2$是一个双线性对，定义敌手B的优势函数$\mathrm{Adv}_{G_1,B}^{\mathrm{DBDH}}(\lambda)$如下：

$$|\Pr[B(g,g^a,g^b,g^c,e(g,g)^{abc})]=1-\Pr[B(g,g^a,g^b,g^c,e(g,g)^r)]=1|$$

其中，$a,b,c,r \in Z_v$ 是随机选取的。如果对于所有的 PPT(Probabilistic Polynomial-Time)敌手 B，$\mathrm{Adv}_{G_1,B}^{\mathrm{DBDH}}(\lambda)$ 是可忽略的，则 DBDH 假设成立。

定义 2.3 Truncated (Decisional) q-ABDHE 假设。

$e:G_1 \times G_1 \to G_2$ 是一个双线性对，定义敌手 B 的优势函数 $\mathrm{Adv}_{G_1,B}^{q\text{-ABDHE}}(\lambda)$ 如下：

$$\begin{aligned}&|\Pr[B(g,g^x,\cdots,g^{x^q},g^z,g^{zx^{q+2}},e(g,g)^{zq^{q+1}})]|\\&=1-|\Pr[B(g,g^x,\cdots,g^{x^q},g^z,g^{zx^{q+2}},e(g,g)^r)]=1|\end{aligned}$$

其中，$x,z,r \in Z_v$ 是随机选取的。如果对于所有的 PPT 敌手 B，$\mathrm{Adv}_{G_1,B}^{q\text{-ABDHE}}(\lambda)$ 是可忽略的，则判定性 Truncated q-ABDHE 假设成立。优势函数中上边的分布记为 $P_{q\text{-ABDHE}}$，下边的分布记为 $R_{q\text{-ABDHE}}$。

定义 2.4 强不可伪造一次签名。

强不可伪造一次签名包含一个三元组算法 $\mathrm{Sig}=(G,S,V)$。输入全参数 λ、G 产生一对密钥 $(\mathrm{ssk},\mathrm{svk})$。同时对于任何消息 M，当 $\sigma=S(\mathrm{ssk},M)$ 时 $V(\mathrm{svk},\sigma)=1$，否则 $V(\mathrm{svk},\sigma)=0$。强不可伪造一次签名指任何 PPT 攻击者 A 无法伪造一个新的签名，即使是对已经签名过的消息。

如果下面事件对于任何 PPT 伪造者 F 的发生概率是可忽略的，则 $\mathrm{Sig}=(G,S,V)$ 是一个强不可伪造一次签名：

$$\begin{aligned}\mathrm{Adv}^{\mathrm{OTS}}=\Pr[&(\mathrm{ssk},\mathrm{svk})\leftarrow G(\lambda);(m,\mathrm{St})\leftarrow F(\mathrm{svk});\sigma\leftarrow S(\mathrm{ssk},m)\\&(m',\sigma')\leftarrow F(m,\sigma,\mathrm{svk},\mathrm{St},):V(\mathrm{svk},\sigma',m')=1\wedge(m',\sigma')\neq(m,\sigma)]\end{aligned}$$

其中，St 表示各个阶段 F 所获得的状态信息。

定义 2.5 3-QDBDH 假设。

$e:G_1 \times G_1 \to G_2$ 是一个双线性对，定义 PPT 敌手 B 的优势函数 $\mathrm{Adv}_{G,B}^{3\text{-ODBDH}}(\lambda)$ 如下：

$$\left|\Pr\left[B\left(g,g^x,g^{x^2},g^{x^3},g^z,e(g,g)^{\frac{z}{x}}\right)\right]=1-\Pr[B(g,g^x,g^{x^2},g^{x^3},g^z,e(g,g)^r)]=1\right|$$

其中，$x,z,r \in Z_p$ 是随机选取的。如果对于所有的 PPT 敌手 B，$\mathrm{Adv}_{G,B}^{3\text{-ODBDH}}(\lambda)$ 是可忽略的，则 3-QDBDH 假设成立。Dodis 和 Yung 证明了这个问题在一般的群上是困难的。

2.3 可证安全性

可证安全性是指协议或方案的安全性可以被“证明”。可证安全性是指先确定安全协议或方案的安全目标。然后构建一个形式敌手的攻击模型，在攻击模型中定义敌手的攻击能力。对于特定的安全协议或方案，最后将攻破方案的唯一方法归约为破解某个难解的数学问题或者困难性假设。

2.3.1 随机预言模型

很多密码体制都要用到哈希函数，目的是缩短签名消息的长度，并取得完整性与不可抵赖性。随着密码学的发展，密码专家意识到哈希函数在密码系统的安全性中有更重要的作用。即哈希函数在证明过程中被假设为一个随机函数。Fiat 和 Shamir 用上述思想证明了签名方案的安全性。之后，Bellare 和 Rogaway 形式化了这种思想，抽象出随机预言模型。主要思想在于哈希函数首先被认为是随机函数——随机预言机(Random Oracle，RO)。

定义 2.6 随机预言机。

哈希函数 $H:\{0,1\}^n \to \{0,1\}^{k'}$，假设输入为长度为 n 的 $\{0,1\}$ 字符串，输出为长度为 k' 的 $\{0,1\}$ 字符串，如果满足以下性质。

(1) 均匀性。预言机 H 的输出在 $\{0,1\}^{k'}$ 上均匀分布。

(2) 确定性。对于相同输入，H 的输出值必定是相同的。

(3) 有效性。给定一个输入 x，$H(x)$ 的计算可以在多项式时间内完成，则 H 称为随机预言。

显然，上述函数是一种很强的、虚构的函数。

2.3.2 公钥加密方案的安全性

按照 Naor 的观点，加密方案的安全目标主要有以下两种。

不可区分性(Indistinguishable，IND)安全：给定已知的两个明文，加密者随机地选择其中之一进行加密，攻击者无法从密文中猜出是对哪个明文的加密。

非延展性(Non-Malleable，NM)安全：攻击者无法构造与已给密文相适应的新密文。

接下来介绍公钥密码体制中的几种攻击类型。

针对加密体制，相应的攻击者攻击能力类型，分为如下两类。

(1) 选择明文攻击(Chosen Plaintext Attack，CPA)。选择明文攻击的攻击者可以获得公钥信息，并恶意对不同明文进行加密。

(2) 选择密文攻击(Chosen Ciphertex Attack，CCA)。选择密文攻击的攻击者可以进行解密查询，即输入密文，获得对应的明文。但是攻击者不能对“挑战密文”进行解密预言机的查询。

进一步可以把攻击分为非适应性攻击和适应性攻击。

(1)非适应性攻击。记为CCA1攻击，又称“午餐攻击”(Lunch Time Attack)。攻击者只可以在获知挑战目标之前进行解密预言机的查询。

(2)适应性攻击。记为CCA2攻击。指对解密预言机的访问时间不受限制，攻击者的解密查询可以发生在任何时间，也就是可以在获知挑战目标之前或之后进行。

接下来使用CCA来代表CCA2适应性选择密文攻击。

2.4 基于身份加密

基于身份加密(IBE)是一种非对称的加密，用户的身份即是公钥。其主要优势是：由于用户的数字身份是公开可获得的信息且唯一的表示用户，因此无须认证权威机构(CA)提供证书来验证用户公钥的有效性。

2.4.1 基于身份加密简介

为了定义基于身份的加密，需要解释消息空间(Message Space)的概念。

定义 2.7(Message Space) 消息空间 $\mathrm{Msg}(\lambda)$ 是一种映射，对 $\forall\lambda\in N$，一个字符串集合使得 $\{0,1\}^{\lambda}\subseteq\mathrm{Msg}(\lambda)\subseteq\{0,1\}$，且满足以下两个条件：首先，存在PPT算法，输入 λ，如果消息 m 属于消息空间 $(m\in\mathrm{Msg}(\lambda))$ 输出1，否则输出0；其次，$\{0,1\}^{|m|}\subseteq\mathrm{Msg}(\lambda)$，对所有的 $\lambda\in N$，$m\in\mathrm{Msg}(\lambda)$。

接下来定义基于身份加密算法。

定义 2.8(IBE) 基于身份加密由四个PPT算法(SetupIBE、Extract、Encrypt、Decrypt)组成。

$\mathrm{SetupIBE}(\lambda)$：输入安全参数 λ，输出主密钥 mk，及参数GP，GP包括 $\mathrm{Msg}(\lambda)$ 的描述，身份空间 $I(\lambda)$，密文空间 $C(\lambda)$。

$\mathrm{Extract}(\mathrm{GP},\mathrm{mk},\mathrm{ID})$：输入身份ID和主密钥 mk，输出与身份对应的私钥 $\mathrm{sk}_{\mathrm{ID}}$。

$\mathrm{Encrypt}(\mathrm{GP},\mathrm{ID},m)$：输入身份ID，输出对应消息 m 的密文 C。

$\mathrm{Decrypt}(\mathrm{sk}_{\mathrm{ID}},C)$：输入与身份ID对应的私钥 $\mathrm{sk}_{\mathrm{ID}}$ 和密文 $C=\mathrm{Encrypt}(\mathrm{GP},\mathrm{ID}',m)$，如果 $\mathrm{ID}=\mathrm{ID}'$ 输出消息 $m\in\mathrm{Msg}(\lambda)$，否则输出随机消息表示出错。

方案如图2.1所示。首先，运行 $\mathrm{SetupIBE}(\lambda)$，设定私钥生成中心(PKG)的主密钥和方案的公共参数。然后，如果发送者(Sender)想加密消息给身份为ID的接收者，使用ID执行Extract算法获得相应的密文。相应地，接收者如果想解密消息，发送其身份给PKG，获得其身份的私钥。收到身份之后，PKG运行Extract算法，并发送其对应的私钥给接收者。最后，接收者获得对应其身份的私钥，执行 Decrypt 算法解密密文以获得相应的明文。

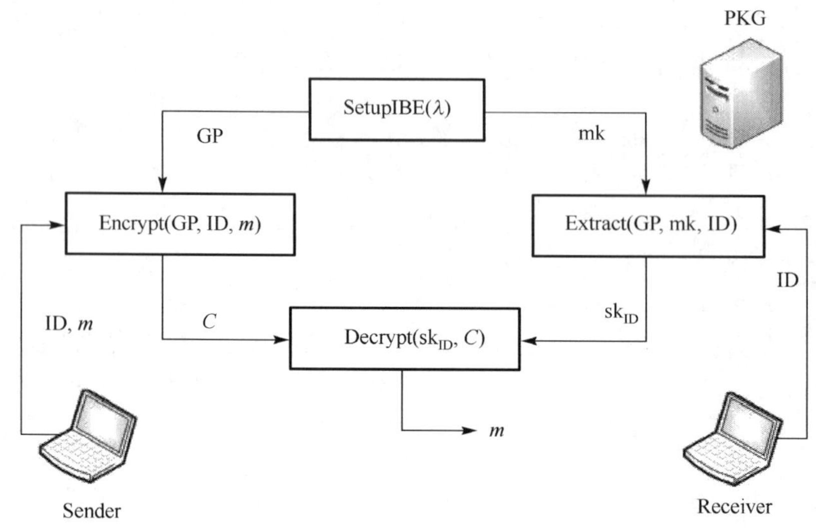

图 2.1　基于身份加密(IBE)方案

因此，IBE 中获得私钥的方式不同于传统的 PKE。PKE 中，用户可随机选择私钥，通过随机化的单向函数计算公钥，然后将公钥递交给 CA 以获得相应的证书。由于 IBE 的公钥是事先固定的，因此，每个用户将其身份给 PKG 认证，由 PKG 使用其主密钥和用户身份计算相应的私钥发送给用户。

通常密码学方案应该满足两个属性：一致性(Consistency)和安全性(Security)。一致性指方案应该是合理的，在 IBE 中意味着可以对加密的密文进行正确解密。具体描述如下。

定义 2.9(Consistency for IBE)　如果满足以下条件，IBE 方案称为一致的：

$$\Pr[(\mathrm{mk},\mathrm{GP}) \leftarrow \mathrm{SetupIBE}(\lambda); \mathrm{sk}_{\mathrm{ID}} \leftarrow \mathrm{Extract}(\mathrm{GP},\mathrm{mk},\mathrm{ID}); C \leftarrow \mathrm{Encrypt}(\mathrm{GP},\mathrm{ID},m);$$

$$m' \leftarrow \mathrm{Decrypt}(\mathrm{sk}_{\mathrm{ID}}, C): m' = m] = 1$$

IBE 中的安全性分为两类：选择明文攻击下的不可区分性(IBE-IND-CPA)(语义安全性)或者选择密文下的不可区分性(IBE-IND-CCA)。前者即为当攻击者允许获得任何身份(除挑战身份外)的私钥时，不能区分自己选择的两个挑战消息对应的密文。可以如下定义。

定义 2.10(IBE-IND-CPA)　IBE 方案称为 IBE-IND-CPA 安全的，如果存在可忽略的函数 $\nu(\lambda)$ 使得：

$$\Pr[\text{IDSet} \leftarrow \phi; (\text{mk}, \text{GP}) \leftarrow \text{SetupIBE}(\lambda));$$
$$(\text{ID}^*, m_0, m_1, \text{state}) \leftarrow A^{\leftrightarrow \text{Oracle}_{\text{Extract}}(\cdot)}(\text{GP}) \wedge m_0, m_1 \in \text{Msg}(\lambda) \wedge |m_0| = |m_1|;$$
$$b \leftarrow \{0,1\}; C^* \leftarrow \text{Encrypt}(\text{GP}, \text{ID}^*, m_b);$$
$$b' \leftarrow A^{\leftrightarrow \text{Oracle}_{\text{Extract}}(\cdot)}(\text{GP}, C^*, \text{state});$$
$$b' \leftarrow 0 \wedge \text{IDSet} \cap \{\text{ID}^*\} \neq \phi : b = b'] < 1/2 + \nu(\lambda)$$

其中，$\text{Oracle}_{\text{Extract}}(\text{ID})$ 表示添加 ID 到集合，$\text{IDSet} \leftarrow \text{IDSet} \cup \{\text{ID}\}$，并返回 $\text{sk}_{\text{ID}} \leftarrow \text{Extract}(\text{GP}, \text{mk}, \text{ID})$；$|m_0|$ 表示消息 m_0 的长度。

更直观地，可以通过 IBE-IND-CPA 游戏描述 IBE-IND-CPA，具体如下。

(1) 运行 $\text{SetupIBE}(\lambda)$，将参数 GP 传给攻击者。

(2) 攻击者做适应性的 $\text{Oracle}_{\text{Extract}}(\text{ID})$ 查询，并获得对应身份的私钥。

(3) 攻击者输出两个等长的明文 $m_0, m_1 \in \text{Msg}(\lambda)$ 及挑战身份 ID^*。

(4) 选一个随机比特，运行 $\text{Encrypt}(\text{GP}, \text{ID}^*, m_b)$ 获得对应消息 m_b 的密文 C^*，将 C^* 传给攻击者。

(5) 攻击者继续做适应性 $\text{Oracle}_{\text{Extract}}(\text{ID})$ 查询。

(6) 攻击者输出比特 b'，作为猜测被加密的消息。如果 ID^* 用来作第 (2) 步或第 (5) 步的 $\text{Oracle}_{\text{Extract}}$ 查询，则游戏返回 $b' = 0$，(表明不允许攻击者做挑战身份 ID^* 的私钥产生查询，即 $\text{Oracle}_{\text{Extract}}$ 查询)。否则返回 b'。

定义攻击者的优势 $\text{Adv}(A) = |\Pr[b = b'] - 1/2|$。如果攻击者的优势是可忽略的，则 IBE 方案为 IBE-IND-CPA 安全的。

在 IBE-IND-CCA 中，攻击者可以对第 (2) 步、第 (5) 步中的密文 C 使用对应 ID 的私钥做解密查询 $\text{Oracle}_{\text{Decrypt}}(\text{ID}, C)$，以获得相应的解密信息，限制是不允许攻击者做解密查询 $\text{Oracle}_{\text{Decrypt}}(\text{ID}, C)$，其中 $(\text{ID}, C) = (\text{ID}^*, C^*)$。如果游戏中攻击者优势是可忽略的，则 IBE 方案称为 IBE-IND-CCA 安全的。

此外，安全性的另一相对概念（相对较弱）即为选择的 ID (selective-ID)，相应的有 IBE-IND-sID-CPA 和 IBE-IND-sID-CCA。与上面游戏的区别是，攻击者在开始之前就需要确定想要挑战的身份 ID^*，而不能根据第 (2) 步中获得的信息再做决定。

2.4.2 匿名的基于身份加密

当密文不会泄露公钥时，公钥加密方案称为匿名。IBE 方案中，如果密文不会泄露接收者的身份，方案即为匿名的。由于匿名的 IBE 方案可以构造带关键字搜索公钥加密方案 (PEKS)，本书将重点讨论匿名的基于身份加密

(Anonymous IBE)。而公钥加密的匿名性的定义则被调整，即匿名性可以被引入选择明文攻击下的匿名性(IBE-ANO-CPA)和选择密文攻击下的匿名性(IBE-ANO-CCA)。

定义 2.11(IBE-ANO-CPA)　IBE 方案称为 IBE-ANO-CPA 安全的，如果存在可忽略的函数 $v(\lambda)$ 使得对任意 PPT 攻击者满足：

$$\Pr[\text{IDSet} \leftarrow \phi; (\text{mk}, \text{GP}) \leftarrow \text{SetupIBE}(\lambda);$$

$$(\text{ID}_0, \text{ID}_1, m, \text{state}) \leftarrow A^{\leftrightarrow \text{Oracle}_{\text{Extract}}(\cdot)}(\text{GP}) \wedge m \in \text{Msg}(\lambda)$$

$$b \leftarrow \{0,1\}; C^* \leftarrow \text{Encrypt}(\text{GP}, \text{ID}_b, m);$$

$$b' \leftarrow A^{\leftrightarrow \text{Oracle}_{\text{Extract}}(\cdot)}(\text{GP}, C^*, \text{state});$$

$$b' \leftarrow 0 \wedge \text{IDSet} \cap \{\text{ID}^*\} \neq \phi : b = b'] < 1/2 + v(\lambda)$$

更直观地：

(1)运行 $\text{SetupIBE}(\lambda)$，将参数 GP 传给攻击者。

(2)攻击者做适应性的 $\text{Oracle}_{\text{Extract}}(\text{ID})$ 查询，并获得对应身份的私钥。

(3)攻击者输出消息 $m \in \text{Msg}(\lambda)$ 及身份 ID_0、 ID_1。

(4)选一个随机比特 b，运行 $\text{Encrypt}(\text{GP}, \text{ID}_b, m)$ 获得对应消息 m 在挑战身份 ID_b 下的密文 C^*。将 C^* 发送给攻击者。

(5)攻击者继续做适应性 $\text{Oracle}_{\text{Extract}}(\text{ID})$ 查询。

(6)攻击者输出比特 b' 以猜测用作加密的身份。如果 ID_0 或 ID_1 用来作第(2)步或第(5)步的 $\text{Oracle}_{\text{Extract}}$ 查询，则游戏返回 $b'=0$，否则返回 b'。

攻击者的优势 $\text{Adv}(A) = \left|\Pr[b=b'] - \frac{1}{2}\right|$。如果攻击者的优势是可忽略的，则 IBE 方案为 IBE-ANO-CPA 匿名安全的。

同样，在 IBE-ANO-CCA 中，增加提供给攻击者两个附加的预言机 $\text{Oracle}_{\text{Decrypt}}$：给定密文 C，使用身份 ID_0 输出 C 的解密信息；$\text{Oracle}_{\text{Decrypt}}$：与前者一样，即把 ID_0 改为 ID_1。限制是不允许做 (ID, C) 的 $\text{Oracle}_{\text{Decrypt}}$ 查询，当 $(\text{ID}, C) = (\text{ID}_0, C^*)$ 或者 $(\text{ID}, C) = (\text{ID}_1, C^*)$。如果攻击者优势是可忽略的，则 IBE 方案即为 IBE-ANO-CCA 匿名安全的。

最后讨论将 IBE-IND-CPA 和 IBE-ANO-CPA 两种属性合在一起的安全性，称为 IBE-IND-ANO-CPA 安全性。

定义 2.12(IBE-IND-ANO-CPA) IBE 方案称为 IBE-IND-ANO-CPA 安全的，如果存在可忽略的函数 $\upsilon(\lambda)$ 使得：

$$\Pr[\text{IDSet} \leftarrow \phi; (\text{mk}, \text{GP}) \leftarrow \text{SetupIBE}(\lambda);$$

$$(\text{ID}_0, \text{ID}_1, m_0, m_1, \text{state}) \leftarrow A^{\leftrightarrow \text{Oracle}_{\text{Extract}}(\cdot)}(\text{GP}) \wedge m_0, m_1 \in \text{Msg}(\lambda) \wedge |m_0| = |m_1|$$

$$b \leftarrow \{0,1\}; c \leftarrow \{0,1\}; C^* \leftarrow \text{Encrypt}(\text{GP}, \text{ID}_b, m);$$

$$(b', C') \leftarrow A^{\leftrightarrow \text{Oracle}_{\text{Extract}}(\cdot)}(\text{GP}, C^*, \text{state});$$

$$b' \leftarrow 0 \wedge c' \leftarrow 0 \wedge \text{IDSet} \cap \{\text{ID}_0, \text{ID}_1\} \neq \phi : b = b' \wedge c = c] < 1/4 + \nu(\lambda)$$

2.4.3 基于身份加密的现状研究

1984 年，Shamir 提出 IBE 的基本思想，但是直到 1996 年 Maurer 和 Yacobi 才完成首个基于身份加密方案的构造，并且是非常不实用的。2001 年，Boneh 和 Franklin 提出首个实用的方案，并在随机预言模型证明下具有适应性身份的安全性(Adaptive-ID Security)。紧接着，2003 年，Canetti 等提出针对 IBE 身份攻击的相对较弱的安全概念——选择身份安全性(Selective-ID Security)，并在标准模型下构造了一个低效率的 IBE 方案。随后，Boneh 和 Boyen 在标准模型下提出选择身份安全的 IBE 方案。尽管他们也构造了适应性身份(Adaptive-ID) IBE 方案，但其方案不太实用。随后，Waters 为提高其效率做了简单的扩展。Naccache 扩展了方案以达到更短的公共参数。

之后的工作主要集中在对基于身份加密方案的扩展上面，下面列出部分扩展。

(1) 基于属性加密(Attribute Based Encryption)。在基于身份加密体制中每个用户的身份是由多个属性组成的集合。2005 年，Sahai 和 Waters 提出了基于模糊身份加密的概念，即用户的身份由其属性信息的集合 ω 来描述，称为用户的模糊身份。如果另一用户的模糊身份 ω' 和 ω 具有一定的相似性，即 ω' 和 ω 有超过一定数量的相同属性(这个数量记为阈值 d，即 $|\omega \cap \omega^\wedge'| \geq d$)，那么属性集合 ω' 的用户就能够解密由用户 ω 加密的密文。自 Sahai 和 Waters 的工作之后，很多文献开始讨论基于模糊身份加密方案。Goyal 等构造了一般结构属性加密方案 KP-ABE，代替了 Sahai 和 Waters 的单一门限的解密方法。在他们的方案中，每个私钥与一个访问控制结构相联系来决定哪些密文可以解密。2006 年，Pirretti 等扩展了 Sahai 和 Waters 基于模糊身份的加密方案，实现了安全信息管理的框架。2007 年，Baek

等构造了两个高效的基于模糊身份加密方案，并在随机预言模型下证明其安全性，该方案的优点是公共参数的长度与属性数量无关。接着，Chase 提出了允许有多个独立的权威机构去验证属性，并分发相应私钥的方案。

(2) 层次的基于身份加密 (Hierarchical Identity Based Encryption)。2002 年，Gentry 和 Silverberg 提出了 selective-ID 模型下 CPA 安全的层次的基于身份加密方案，上层的用户可以代理 (Delegation) 产生下层用户的私钥。2005 年，Boneh 等提出了 Selective-ID 模型下更有效的层次的基于身份加密方案。但这个方案中会出现密文过长的问题，因此 2005 年，Boneh 等提出了 Selective-ID 模型下密文长度和解密花费与层次无关的层次的基于身份加密方案，以解决密文过长的问题。2005 年，Waters 提出了首个 Full-ID 模型下安全的层次的基于身份加密方案，但方案的规约因子比较大，很不严谨。2009 年，Gentry 和 Halevi 构造了一个规约严谨的 Full-ID 模型下安全的层次的基于身份加密方案。

(3) 基于通配符加密 (Wildcards Identity Based Encryption)。Abdalla 等提出了 CPA 安全的基于通配符加密，即属性中是通配符加密的，可以使用任意的属性对其配对解密。Bob 可以发送通过通配符身份*@cs.univ.edu 加密的电子邮件给整个计算机系。之后，Birkett 等构造 CCA 安全的基于通配符的密钥封装机制。

(4) 可追踪的基于身份加密 (Traceable Identity Based Encryption)。针对 PKG 有可能泄露用户的私钥，Goyal 提出了可追踪的基于身份加密，通过设计交互的私钥产生算法，PKG 无法知道当前用户的私钥。故当用户发现两份不同的私钥，即可以举证 PKG 作假。相应地避免 PKG 作假的方法还有 Boneh 和 Franklin 的分布式的 PKG 等。

(5) 基于身份的代理重加密 (Identity-Based Proxy Re-Encryption)。2007 年，Green 和 Ateniese 在基于身份加密方案加入代理特性，提出了首个随机语言模型下基于身份的代理重加密方案，即身份 A 加密的密文可以由代理者在不泄露明文信息的条件下转化为身份 B 加密的密文。Chu 和 Tzeng 提出了在标准模型下安全的方案，但方案的证明仍存在问题。

(6) 基于身份的门限解密 (Identity-Based Threshold Decryption)。为了适应接收者可能是一组人的一部分参与就可以解密密文这一变化，Dodis 和 Yung 提出可以用 Gentry 和 Silverberg 的 HIBE 方案来构造基于身份的门限解密方案。Libert 和 Quisquater 构造了一个 CPA 安全的基于身份的门限解密方案。2004 年，Baek 和 Zheng 提出了一个随机预言模型下 CCA 安全的基于身份的门限解密方案。2006 年，Kiltz 和 Galindo 提出了首个标准模型下 CCA 安全的基于身份的门限解封装机制，但需要对称加密机制才能获得完全的基于身份的门限解密方案。2007 年，Liu 等提出了一个随机预言模型下比较有效的基于身份的门限解密方案。

(7)门限的基于身份加密(Threshold Identity Based Encryption)。为了达到防止单一 PKG 容易被攻击的目的,Boneh 和 Franklin 提出使用门限实现的分布式 PKG 来分发用户的私钥。

(8)通用的基于身份加密(Generalized Identity Based Encryption)。2008 年，Boneh 和 Hamburg 提出了通用的基于身份加密方案，通用的基于身份加密可以很容易转化为基于模糊身份加密、基于身份广播加密、基于身份和层次的基于身份加密。

然而仅有极少的 IBE 方案提供匿名性，即保证密文不会泄露接收者的身份。其中，在随机语言模型下，主要是 Boneh 和 Franklin 方案，为避免使用随机预言机，可以在 IBE 方案中的私钥生成阶段引入随机数。由于密文中去除随机数的信息会导致身份的泄露，方案不具有匿名性。Gentry 构造了标准模型下匿名的 IBE 方案。第一个方案为达到匿名性，将身份分成两个随机互补的部分，并且构造了首个匿名的层次(Hierarchical)IBE 方案。后一个方案将密文中的一个必要成分移动到双线性映射的目标群以达到匿名性。其在强假设下是安全的，但在实用性方面有很大的优势，如计算效率快和较短的公共参数。2007 年，Boneh 等提出了不使用双线性对的匿名基于身份加密方案。

2.5 带关键字搜索公钥加密

带关键字搜索加密方案(PEKS)允许对加密的数据搜索是否含有特定关键字。目的在于实现接收者数据的隐私性,同时允许他有效地搜索而又不需要解密操作。本节先介绍带关键字搜索加密的概念，然后讨论带关键字搜索加密的两个应用环境，以及如何从匿名的 IBE 方案(Anonymous-IBE)构造 PEKS 方案。

2.5.1 带关键字搜索公钥加密方案定义

考虑以下情形：有多个发送者加密消息，并将其存储在数据库或服务器中。而消息的接收者仅对满足特定条件的消息感兴趣。例如，消息中包含特定的信息类型，紧急消息或由指定发送者发送的消息。接收者通过解密所有发送给自己的加密消息，再搜索需要获得的消息是很低效的，同时又需要通过服务器或数据库来完成适当筛选工作。为此，发送者将一个或若干个关键字与消息附在一起，接收者可以根据关键字选择自己想要的消息。为了保护接收者的隐私，关键字必须得加密。在带关键字搜索公钥加密方案中，发送者可以将加密后的关键字附于消息一起，接收者计算陷门(Trapdoor)以允许服务器测试消息是否与指定的关键字相关。接下来将给出带关键字搜索公钥加密的方案，以及安全性与一致性的形式化定义，关于带关键字搜索公钥加密的应用将在 2.5.2 节详述。定义带关键字搜索公钥加密方案如下：

定义 2.13(PEKS)　带关键字搜索加密由四个 PPT 算法(SetupPEKS、PEKS、Trapdoor、Test)组成。

SetupPEKS(λ)：输入安全参数 λ，输出主密钥 sk 和参数 GP；

PEKS(GP, w, m)：输入消息 m 和关键字 w，计算可查找的加密 $C_{w,m}$；

Trapdoor(GP, sk, w)：输入密钥 sk 和关键字 w，计算 Trapdoor T_w；

Test(GP, $C_{w,m}$, T_w)：输入可查找加密 $C_{w,m}$ 和 Trapdoor T_w，如果 $w' = w$ 输出 m 否则为 $\perp$。

一般情况下，带关键字搜索加密方案按如下方式工作：首先，运行算法 SetupPEKS，计算 Trapdoor 的这方被设定一个私钥。当发送者发送加密消息给接收者时，将 PEKS 算法计算的若干关键字加密密文信息与消息附于一起。运行算法 Trapdoor 是为了获得与指定关键字相关的 Trapdoor。最后算法 Test 测试密文与关键字相对应的 Trapdoor 是否相关。

这里给出的定义比原始定义更通用，因为 PEKS 算法中引入消息作为输入，而在原始的定义中，没有消息以及 Test 算法 yes 或 no 的输出。这样做的好处是允许发送者在可搜索密文中包含一些有用的信息。例如，发送者可以包含用来加密消息的对称密钥，这些信息与可搜索密文附在一起。而引入这个消息不太可能，同时他们的定义可以看成 $m=\varepsilon$ 的特殊情况。实际上现在研究的 PEKS 都不提供解密消息，关于解密消息，本书会在后续章节详细介绍相应的定义及构造。

为了定义带关键字搜索公钥加密的隐私性和一致性，本章改进了相关文献中的定义，使其适应将消息引入关键字加密密文中这一情况。

通常，带关键字搜索公钥加密中确保隐私性的概念即为选择明文(关键字)攻击下的不可区分性(PEKS-IND-CPA 或者 PEKS-IND-CKA)，此时的明文就是关键字，为了避免跟 IBE 的记号混淆，后续章节将简记为 IND-CKA 表示 PEKS-IND-CPA。这意味着攻击者不能区分关于关键字的两个可搜索密文信息，即使被允许获得任何非挑战关键字的陷门。另外，我们需要关键字加密密文不会泄露引入消息中的任何信息。因此 PEKS 中的隐私性定义如下。

定义 2.14(PEKS-IND-CPA)　带关键字搜索公钥加密方案称为 PEKS-IND-CPA 安全的，如果存在可忽略的函数 $\nu(\lambda)$ 使得：

$$\Pr[\text{WSet} \leftarrow \phi, (\text{sk}, \text{GP}) \leftarrow \text{SetupIBE}(\lambda);$$

$$(w_0, w_1, m_0, m_1, \text{state}) \leftarrow A^{\leftrightarrow \text{Oracle}_{\text{Trapdoor}}(\cdot)}(\text{GP});$$

$$b \leftarrow \{0,1\}; c \leftarrow \{0,1\}; C_{w_b, m_c} \leftarrow \text{PEKS}(\text{GP}, w_b, m_c);$$

$$(b', c') \leftarrow A^{\leftrightarrow \text{Oracle}_{\text{Trapdoor}}(\cdot)}(\text{GP}, C_{w_b, m_c}, \text{state});$$

$$b\text{^}' \leftarrow 0 \wedge c' \leftarrow 0 \wedge \text{WSet} \cap \{w\_0, w\_1\} \neq \phi : b = b' \wedge c = c] < 1/4 + v(\lambda)$$

其中，$\text{Oracle}_{\text{Trapdoor}}(w)$：添加 w 到集合中，$\text{WSet} \leftarrow \text{WSet} \cup \{w\}$，返回 $T_w \leftarrow \text{Trapdoor}(\text{GP}, \text{sk}, w)$。更直观地，可以通过 PEKS-IND-CPA 游戏描述 PEKS-IND-CPA，具体方法如下。

(1) 运行 $\text{SetupPEKS}(\lambda)$，将参数 GP 传给攻击者。

(2) 攻击者作适应性的 $\text{Oracle}_{\text{Trapdoor}}(w)$ 查询，并获得对应关键字的陷门。

(3) 攻击者输出两个关键字 w_0、w_1 及消息 m_0、m_1。

(4) 选两个随机比特 b、c，运行 $\text{PEKS}(\text{GP}, w_b, m_c)$ 获得对应关键字 w_b 和消息 m_c 的可搜索密文 $C_{w_b,m}$，将 $C_{w_b,m}$ 传给攻击者。

(5) 攻击者继续做适应性 $\text{Oracle}_{\text{Trapdoor}}(w)$ 查询。

(6) 攻击者输出比特 b' 和 c' 以猜测用作计算可搜索密文的关键字和消息。如果 w_0、w_1 用来作第 (2) 步或第 (5) 步的 $\text{Oracle}_{\text{Trapdoor}}$ 查询，则游戏返回 $b' = 0, c' = 0$，否则返回 b'、c'。

攻击者的优势 $\text{Adv}(A) = \left|\Pr[b = b' \wedge c = c'] - \frac{1}{4}\right|$。如果攻击者的优势是可忽略的，则 IBE 方案为 PEKS-IND-CPA 安全的。

另外根据之前的定义，PEKS 的一致性要求给定可搜索密文和使用相同关键字计算的陷门，Test 不会输出 $\perp$。更形式化地，给定 $w \in \{0,1\}^*, m \in \{0,1\}^*$：

$$\Pr[(\text{sk}, \text{GP}) \leftarrow \text{SetupPEKS}(\lambda);$$

$$C_{w,m} \leftarrow \text{PEKS}(\text{GP}, w, m);$$

$$T_w \leftarrow \text{Trapdoor}(\text{GP}, \text{sk}, w);$$

$$m' \leftarrow \text{Test}(\text{GP}, C_{w,m}, T_w) : m' = m] = 1$$

一致性总是需要满足上述条件，即相同关键字的密文和 Trapdoor 能够正确测试。但是只是满足这一条件显然是不够的，还需要第二个条件，即关键字密文与

Trapdoor 无法正确通过测试时，Test 应该输出⊥(或错误)。这被称为完美一致性(Perfect Consistency)，尽管没有已知的带关键字搜索公钥加密方案能完全满足这个属性。可考虑一致性的放宽的定义，即计算一致性。

定义 2.15(Consistency for PEKS) 考虑 PEKS 方案(SetupPEKS、PEKS、Trapdoor、Test)，以及如下概率 P：

$$\Pr[(\mathrm{sk},\mathrm{GP}) \leftarrow \mathrm{SetupIBE}(\lambda);$$

$$(w,w',m) \leftarrow A(\mathrm{GP})$$

$$C_{w,m} \leftarrow \mathrm{PEKS}(\mathrm{GP},w,m); T_w \leftarrow \mathrm{Trapdoor}(\mathrm{GP},\mathrm{sk},w');$$

$$m' \leftarrow \mathrm{Test}(\mathrm{GP},C_{w,m},T_w): m' = \perp]$$

此 PEKS 方案称为：

(1)完美一致性的(Perfect Consistent)。如果对于所有的计算性的非绑定攻击者，$P=0$。

(2)统计一致性的(Statistical Consistent)。如果对所有的计算性的非绑定攻击者，存在可忽略函数 $v(\lambda)$，使得 $P \leqslant v(\lambda)$。

(3)计算一致性的(Computationally Consistent)。如果对所有 PPT 攻击者，存在可忽略函数 $v(\lambda)$，使得 $P \leqslant v(v)$。

现有的方案大多都讨论计算一致性为主。

2.5.2 带关键字搜索公钥加密的应用

本节将通过两个具体例子讨论带关键字搜索公钥加密的两种应用情形：第一种情况为邮件服务，第二种情况为 Audit Log(审计日志)。

1. 邮件服务

此应用在图 2.2 中描述。设定三方的环境：发送者 Sender、接收者 Receiver、服务者 Mail Server。一开始，Receiver 运行 SetupPEKS(λ)，获得密钥 sk，输出方案的参数 GP。Sender 想发送带有关键字集合 $w=\{w_1,w_2,\cdots,w_n\}$ 的 E-mail，使用 Receiver 的公钥(GP 中给定)加密 E-mail 消息 msg，对每个 $j \in 1,2,\cdots,n$，运行 $C_{w_i,\varepsilon}=\mathrm{PEKS}(\mathrm{GP},w_j,\varepsilon)$，获得可搜索密文 $C=\{C_{w_1,\varepsilon},C_{w_2,\varepsilon},\cdots,C_{w_n,\varepsilon}\}$。最后 Sender 发送 $[\mathrm{Enc}_{\mathrm{pk}}(\mathrm{msg}) \| C]$。

现在假定接收者想获得包含指定关键字 $\hat{w}$ 的 E-mail，他运行 $\mathrm{Trapdoor}(\mathrm{GP},\mathrm{sk},\hat{w})$ 以获得 Trapdoor $T_{\hat{w}}$，并发送 $T_{\hat{w}}$ 给 Mail Server。接着 Mail Server

对每一个 E-mail 的可搜索密文 C 中元素，运行 Test(GP, $C_{w_i,\varepsilon}$, $T_{\hat{w}}$) 以获知由关键字 $\hat{w}$ 描述的 E-mail。然后将 E-mail 发送给 Receiver。

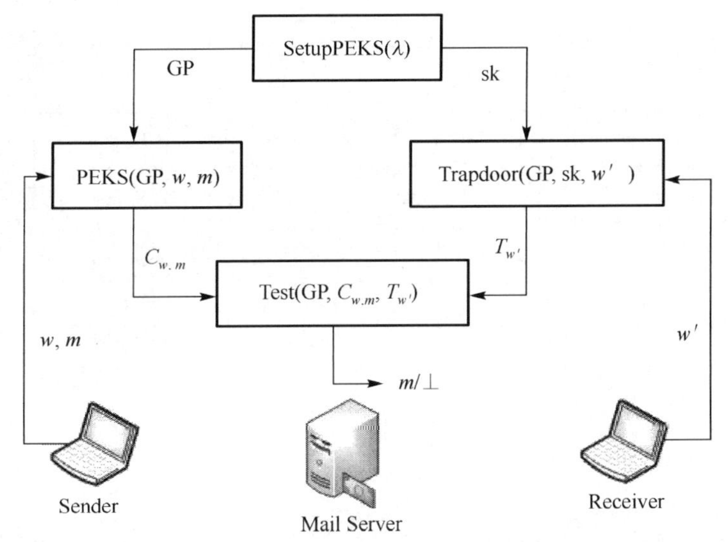

图 2.2 带关键字搜索公钥加密(PEKS)

主要思想是接收者可以将 Test 计算委托给第三方(Mail Server)，同时又对消息和关键字保密。在原始的方案中，带关键字搜索公钥加密没有引入消息 $\boldsymbol{m}$，所以 Test 的输出总是 yes 或 no，现有的方案大多是这种情况，即没有提供解密消息服务，后续章节会具体讨论提供解密服务的方案，即可解密的带关键字搜索公钥加密方案。在图 2.2 中，可以通过发送空的消息 $\boldsymbol{m}=\varepsilon$ (不要与邮件中内容 $\boldsymbol{m}$ 混淆)去填充。

2．Audit Log

如图 2.3 所示，设定一个公司的三方环境：公司在 Audit Log 中存储与其活动性相关的核心保密信息，调查者从 Audit Log 中检索信息，Audit Escrow 根据调查者想要搜索内容授予调查者相应的权利。一开始，公司运行 SetupPEKS(λ) 以获得一个安全密钥 sk，输出方案参数 GP。然后为了将关键字 $\{w_1, w_2, \cdots, w_n\}$ 中的一条记录添加到 Audit Log 中，公司选择随机对称加密密钥 K，使用此密钥加密记录。对于每一个 $w_j (1 \leqslant j \leqslant n)$，公司计算可搜索密文 $C_{w_i,K} = \text{PEKS}(\text{GP}, w_j, K)$，最后加密记录存储在可搜索密文中。当调查者想要获得与指定关键字 w' 相应的信息时，向 Audit Escrow 提出申请。如果 Audit Escrow 同意授权给调查者来调查与关键字 w' 相关的加密信息，Audit Escrow 运行 $T_w = \text{Trapdoor}(\text{GP}, \text{sk}, w)$，将 T_w 发给调查者。

最后调查者可以使用这个 Trapdoor 搜索带关键字 w' 的记录。当 Test 算法没有拒绝时，他获得用于加密记录的加密密钥 K，最终解密以获得所需信息。

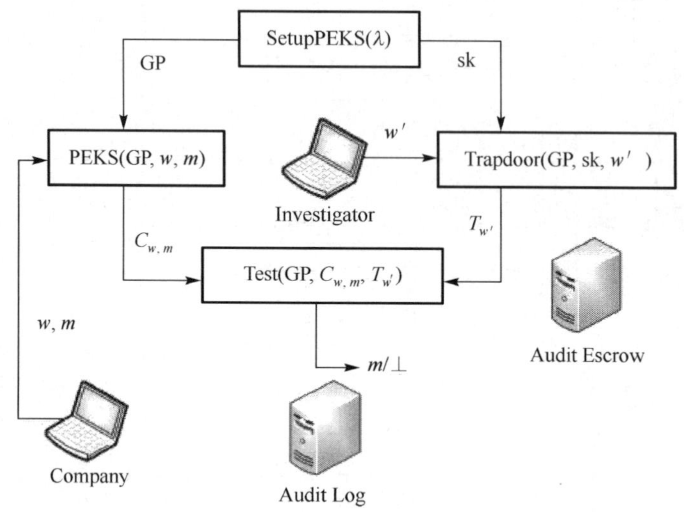

图 2.3　带关键字搜索公钥加密应用：Audit Log

2.5.3　匿名基于身份加密与带关键字搜索公钥加密的关系

假设存在一般的方法使得可以从任意的Anonymous-IBE方案转化为带关键字搜索公钥加密(PEKS)方案，下面将讨论这一转化。

Transformation(IBE-to-PEKS)，给定 Anonymous-IBE (SetupIBE、Extract、Encrypt、Decrypt)，PEKS 做如下工作。

SetupPEKS(λ)：输入安全参数 λ，运行 SetupIBE(λ) 得到密钥 sk 和参数 GP。

PEKS(GP, w, m)：输入关键字 w 和消息 m，选随机值 $C_2 \in \{0,1\}^2$，计算 $C_1 =$ Encrypt(GP, w, $C_2 \| m$)。输出 $C_{w,m} = (C_1, C_2)$。

Trapdoor(GP,sk,w)：与关键字 w 相应的 Trapdoor T_w 是与关键字(作为身份)相应的密钥 sk_w，可以通过 $T_w =$ Extract(GP, sk, w)。

Test(GP, $C_{w,m}$, T_w)：输入可查找密文 $C_{w,m}$ 和 Trapdoor T_w，如果 $C_2 m =$ Decrypt(T_w, C_1) 输入 m，否则输出 ⊥。

方案如图 2.4 描述，主要思想是当计算 PEKS 算法时使用关键字 w 作为 IBE 加密算法中使用的身份，因此运行 Test 算法时使用的 Trapdoor 对应为与身份相应的密钥。这个方案使用 m^{λ} 作为加密的消息，这里的消息 C_2 是随机选择的，和密文附在一起。

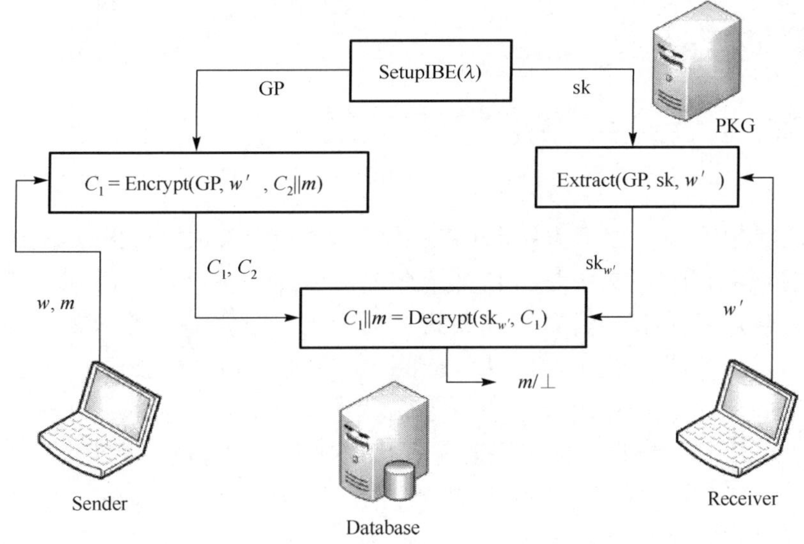

图 2.4 IBE 转化为 PEKS

2.6 本章小结

本章主要介绍了背景知识、概念及相关工作。首先，简要介绍了双线性对、复杂性假设以及可证安全性的基本理论等相关预备知识；其次，对基于身份加密的研究进行了综述；最后，对带关键字搜索公钥加密进行了概述，并且讨论了带关键字搜索公钥加密和基于身份加密的关系，为以后方案的提出和描述做了铺垫。

第 3 章　无安全信道的带关键字搜索公钥加密方案

带关键字搜索公钥加密方案(PEKS)最先由Boneh等提出，根据第2章的讨论，它能够让服务者搜索密文中是否包含某个加密了的关键字，并且不泄露密文中的原始数据信息以及关键字信息。正如第 2 章所述，带关键字搜索公钥加密在现实中有广泛的应用前景。例如，邮件智能路由，假设 Bob 发送一个用 Alice 的公钥加密的密文邮件给 Alice，密文包括加密后的头信息、邮件的正文和一个关键字列表。在这种情况下，邮件路由选择服务者不能观测到邮件的头信息(以及邮件的正文和附件的关键字列表)，因为它们都是加密后的随机密文，因此，邮件路由选择服务者不能做出正确的路由选择。假设 Alice 用不同的电子设备来阅读他的邮件，如手机、平板电脑、台式计算机。Alice 可能希望邮件根据不同的关键字被下载到他的不同电子设备。例如，他可能希望用他的手机来接收包含关键字“紧急”的邮件，同时他希望其他的邮件都发送到台式计算机中。特别地，如果 Alice 经常出差，他可能仅仅希望阅读那些需要他紧急处理的包含关键字“紧急”的邮件，而不希望阅读所有的邮件。

总之，带关键字搜索公钥加密提供了这样一种机制：Alice 赋予服务者能够测试原始邮件中是否包含关键字“紧急”的权力，但同时，服务者本身不能了解到关于邮件本身的任何内容，包括关键字内容。

3.1　标准模型下无安全信道的带关键字搜索公钥加密

Boneh 等的带关键字搜索公钥加密方案的缺点是在 Alice 和邮件服务器之间需要一个安全信道来传送 Trapdoor，而这个开销往往很昂贵的。为了解决这一缺点，Baek 等提出了一个无安全信道的带关键字搜索公钥加密方案。2007 年，Gu 等提出了一个更有效的基于双线性对的带关键字搜索公钥加密构造，在他们的构造中，加密过程不包含双线性对的操作，使得方案的效率得到了提高。在 Baek 等的安全模型中，存在攻击者无法获得测试查询的缺点，于是 Rhee 等增强了 Baek 等的安全模型，使得攻击者能够获得挑战密文之外的密文和陷门之间的关系。同时提出了一个在增强后的模型下安全的无安全信道的带关键字搜索公钥加密方案。然而，Baek 等提出的方案的缺点是证明过程中使用了随机预言机，在随机预言模型下的可证安全的方案被实施到标准模型下时很可能会导致不安全。因此，设计一个不需要随机预言机的方案是很有必要的。

为了实现这一目标，本节将设计高效的无安全信道的带关键字搜索公钥加密方案，并在标准模型下基于 DBDH 假设和 Truncated q-ABDHE 假设，证明其抵抗选择关键字攻击不可区分性。

目前主要有以下几个无安全信道的带关键字搜索公钥加密方案：Baek 等、Gu 等、Rhee 等的方案。这些方案都是在随机预言模型下可证安全的，本书提出的不需要随机预言机的无安全信道的带关键字搜索公钥加密方案弥补了这一缺陷。具体比较见表 3.1。

表 3.1　各种无安全信道的带关键字搜索公钥加密方案的比较

性质	Baek 等	Guet 等	Rhee 等	本书方案
ROM	yes	yes	yes	no
Assumption	BDH	BDH,q-BDHI	BDH,q-BDHI	DBDH,q-ABDHE

3.1.1　无安全信道的带关键字搜索公钥加密定义

定义 3.1　无安全信道的带关键字搜索公钥加密方案(SCF-PEKS)无安全信道的带关键字搜索公钥加密方案包含下面几个算法。

GlobSetup(λ)：输入安全参数 λ，输出全局参数 GP。

$\text{KeyGen}_{\text{receiver}}(\text{GP})$：以公共参数 GP 为输入，输出接收者 R 的公私钥对 $(\text{pk}_R,\text{sk}_R)$。

$\text{KeyGen}_{\text{sever}}(\text{GP})$：以公共参数 GP 为输入，输出服务者 S 的公私钥对 $(\text{pk}_S,\text{sk}_S)$。

$\text{SCF}-\text{PEKS}(\text{GP},\text{pk}_R,\text{pk}_S,w)$：输入公共参数 GP，接收者的公钥 pk_R，服务者的公钥 pk_S，关键字 w。输出一个用关键字 w 加密的 PEKS 密文 C。

$\text{Trapdoor}(\text{GP},\text{sk}_R,w)$：输入公共参数 GP，接收者的私钥 sk_R，关键字 w。产生陷门 T_w。

$\text{Test}(\text{GP},\text{sk}_S,C,T_w)$：输入公共参数 GP，服务者的私钥 $(\text{pk}_S,\text{sk}_S)$，陷门 T_w，带关键字搜索公钥。加密密文 $C=\text{SCF}-\text{PEKS}(\text{CP},\text{pk}_R,\text{pk}_S,w')$。如果 $w=w'$，输出“正确”，否则输出“不正确”。

定义 3.2(一致性)　假设存在一个敌手 A 想破坏方案的一致性，定义如下：

Experiment $\text{Exp}_A^{\cos(\lambda)}$

$$(\text{pk}_R,\text{sk}_R)\leftarrow\text{KeyGen}_{\text{receiver}}(\text{GP});$$

$$(\text{pk}_S,\text{sk}_S)\leftarrow\text{KeyGen}_{\text{sever}}(\text{GP});$$

$$(w,w')\leftarrow A(\text{pk}_R,\text{pk}_S);$$

$$C\leftarrow\text{SCF}-\text{PEKS}(\text{GP},\text{pk}_R,\text{pk}_S,w);$$

$$T_w'\leftarrow\text{Trapdoor}(\text{GP},\text{sk}_R,w')。$$

```
    if w ≠ w' and Test(GP, sk_S, C, T_w) = 'Correct'
      then return 1,
    else
      return 0
```

定义 A 的优势如下：

$$\mathrm{Adv}_A^{\mathrm{cons}}(\lambda)=\Pr[\mathrm{Exp}_A^{\mathrm{cons}}(\lambda)=1]$$

如果对于所有的 PPT 敌手 A 赢得上述游戏的概率都是可忽略的，那么方案是计算一致性的。

接下来给出无安全信道的带关键字搜索公钥加密方案基于游戏的安全模型定义，将其称为无安全信道的带关键字搜索公钥加密方案抵抗选择关键字攻击的不可区分性(IND-SCF-CKA)。简单地说，IND-SCF-CKA 保证没有获得给定关键字陷门的服务者不能区分带关键字搜索公钥加密密文是由哪个关键字加密得到的，并且，任何没有获得服务者私钥的外部攻击者也不能区分带关键字搜索公钥加密密文是由哪个关键字加密得到的，即使他获得了关键字相对应的陷门。本书的安全性定义采用了 Baek 等的定义，具体描述如下。

定义 3.3(IND-SCF-CKA 游戏)　λ 是安全参数，A 是攻击者。考虑下面攻击者 A 和模拟者 B 的两个游戏。

游戏 1：假设 A 是服务者。

(1) 系统建立。公共参数产生算法 $\mathrm{GloSetup}(\lambda)$ 和两个密钥产生算法 $\mathrm{KeyGen}_{\mathrm{receiver}}(\mathrm{GP})$、$\mathrm{KeyGen}_{\mathrm{server}}(\mathrm{GP})$ 被执行，产生公共参数 GP，接收者和服务者的公私钥对 $(\mathrm{pk}_R,\mathrm{sk}_R)$、$(\mathrm{pk}_S,\mathrm{sk}_S)$，接着模拟者 B 把 $(\mathrm{pk}_S,\mathrm{sk}_S)$ 和 pk_R 发送给攻击者 A。

(2) 查询阶段 1。攻击者 A 做了一系列关键字 ω 的查询：陷门查询 $<w>$：A 适应地询问 B 关于关键字 w，所对应的陷门，B 输出给 A 陷门 $T_w=\mathrm{Trapdoor}(\mathrm{GP},\mathrm{sk}_R,w)$。

(3) 挑战。一旦 A 决定查询 1 阶段结束，他输出挑战关键字对 (w_0,w_1) (注意：w_0、w_1 不能是查询阶段 1 中 A 所做的任何陷门查询的关键字)。接收到挑战关键字对后，B 随机地选择 $b\in\{0,1\}$，并且产生挑战密文 $C^*=\mathrm{SCF{-}PEKS}(\mathrm{GP},\mathrm{pk}_R,\mathrm{pk}_S,w_b)$，发送给 A。

(4) 查询阶段 2。A 的查询与阶段 1 相同，限制是 A 不能对 w_0、w_1 做陷门查询。

(5) 猜测。攻击者输出他的猜测 b'，如果 $b=b'$，则攻击者获得胜利。

定义游戏 1 中攻击者 A 的优势：$\mathrm{Adv}_A^{\mathrm{Game}}(\lambda)=\left|\Pr[b=b']-\dfrac{1}{2}\right|$。

游戏 2：假设 A 是外部的攻击者(包括接收者)。

(1) 系统建立。公共参数产生算法 $\mathrm{GloSetup}(\lambda)$ 和两个密钥产生算法

$\text{KeyGen}_{\text{receiver}}(\text{GP})$，$\text{KeyGen}_{\text{sever}}(\text{GP})$ 被执行，产生公共参数 GP，接收者和服务者的公私钥对 $(\text{pk}_R, \text{sk}_R)$、$(\text{pk}_S, \text{sk}_S)$，接着模拟者 B 把 $(\text{pk}_R, \text{sk}_R)$ 和 pk_S 发送给攻击者 A。

(2) 挑战。A 输出挑战关键字对 (w_0, w_1)，接收到挑战关键字对后，B 随机地选择 $b \in \{0,1\}$，并且产生挑战密文 $C^* = \text{SCF}-\text{PEKS}(\text{GP}, \text{pk}_R, \text{pk}_S, w_b)$，发送给 A。

(3) 猜测。攻击者输出他的猜测 b'，如果 $b = b'$，则攻击者获得胜利。

定义游戏 2 中攻击者 A 的优势：$\text{Adv}_A^{\text{Game}_2}(\lambda) = \left|\Pr[b = b'] - \frac{1}{2}\right|$。如果 $\text{Adv}_A^{\text{Game}_i}(\lambda)$ $(i = 1,2)$ 是可忽略的，那么无安全信道的带关键字搜索公钥加密方案是 IND-SCF-CKA 安全的。

3.1.2　标准模型下无安全信道的带关键字搜索公钥加密方案

接下来将给出标准模型下无安全信道的带关键字搜索公钥加密的方案以及安全性证明。本书的无安全信道带关键字搜索公钥加密方案描述如下。

$\text{GlobSetup}(\lambda)$：$\lambda$ 是安全参数，(p, g, G_1, G_2, e) 是双线性对的参数。选择单向哈希函数 $H: \{0,1\}^* \to Z_p^*$，关键字域 $\text{KS}_w = Z_p^*$，公共参数为 $\text{GP} = (p, g, G_1, G_2, e, H, \text{KS}_\omega)$。

$\text{KeyGen}_{\text{sever}}(\text{GP})$：随机选择 $x \in Z_P^*$，计算 $X = g^x$，随机选择 $Q \in G_1^*$，输出服务者的公私钥对 $(\text{pk}_s, \text{sk}_s)$，其中 $\text{pk}_R = (\text{GP}, Y, Q), \text{sk}_S = (\text{pk}_R, y)$。

$\text{KeyGen}_{\text{receiver}}(\text{GP})$：随机选择 $y \in Z_P^*$，计算 $Y = g^y$，随机选择 $h \in G_1^*$，输出接收者的公私钥对 $(\text{pk}_R, \text{sk}_R)$，其中，$\text{pk}_R = (\text{GP}, Y, h), \text{sk}_S = (\text{pk}_R, y)$。

$\text{SCF-PEKS}(\text{GP}, \text{pk}_R, \text{pk}_S, w)$：随机选择 $s, r \in Z_p^*$，计算 $C_1 = g^s$，$t = H(e(X, Q)^s)$，$C_2 = (Yg^{-w})^{\frac{r}{t}}$，$C_3 = e(g, g)^r$，$C_4 = e(g, h)^r$，输出无安全信道带关键字搜索公钥加密密文 $C = (C_1, C_2, C_3, C_4)$。

$\text{Trapdoor}(\text{GP}, \text{sk}_R, w)$：随机选择 $s_w \in Z_p^*$，计算 $d_w = (hg^{-s_w})^{\frac{1}{y-w}}$，陷门 $T_w = (s_w, d_w)$，输出 T_w。

$\text{Test}(\text{GP}, \text{sk}_S, C, T_w)$：计算 $t = H(e(C_1, Q)^x)$，检查 $e(C_2^t, d_w) C_3^{S_w} = C_4$ 是否成立。如果等式成立，输出“正确”，否则输出“不正确”。

正确性： 接下来验证正确产生的密文将被拥有正确陷门的服务者测试通过。

令 $C = (C_1, C_2, C_3, C_4)$ 是由关键字 w 和 pk_R、pk_S 产生的，关键字 w 陷门 $T_w = (s_w, d_w)$，有下式成立：

$$t = H(e(C_1, Q)^x)$$

$$e(C_2^t, d_w)C_3^{S_w} = e\left(\left((Yg^{-w})^{\frac{r}{t}}\right)^t, (hg^{-s_w})^{\frac{1}{y-w}}\right)(e(g,g)^r)^{s_w}$$

定理 3.1　上述的无安全信道的带关键字搜索公钥加密方案是计算一致性的。

证明　假设存在一个多项式时间攻击者 A 能够破坏上述方案的一致性。(w_0, w_1) 表示在一致性 Experiment 中攻击者 A 输出的关键字对。不失一般性，假设 $w \neq w'$。

令 $s, r \in Z_p^*$ 表示产生密文 SCF-PEKS(GP, pk_R, pk_S, w) 时随机选择的。令 $h = g^z$，$C_1 = g^s$，$t = H(e(X,Q)s)$，$C_2 = (Yg^{-w})^{\frac{r}{t}}$，$C_3 = e(g,g)^r$，$C_4 = e(g,h)^r$。

令 w' 的陷门为 $T_{w'} = (s_{w'}, d_{w'})$，其中 $_{dw'} = (hg^{-s_w})^{\frac{1}{y-w'}} = g^{\frac{z-s_{w'}}{y-w'}}$。

注意到 $w \neq w'$ 时，如果 A 获胜，则必须满足 $e(C_2^t, d_{w'})C_3^{S_w} = C_4$。

$$e(C_2^t, d_{w'})C_3^{S_w} = C_4$$

$$\Leftrightarrow e\left(\left((Yg^{-w})^{\frac{r}{t}}\right)^t, g^{\frac{z-s_{w'}}{y-w'}}\right)e(g,g)^{rs_{w'}} = e(g,g)^{zr}$$

$$\Leftrightarrow e(g^{(y-w)r}, g^{(z-s_{w'})'(y-w')})e(g,g)^{rs_{w'}} = e(g,g)^{zr}$$

$$\Leftrightarrow e(g,g)^{\left(\frac{y-w}{y-w'}\right)zr} e(g,g)^{-\left(\frac{y-w}{y}-w'\right)s_{w'}r} e(g,g)^{rs_{w'}} = e(g,g)^{zr}$$

$$\Leftrightarrow \left(\frac{y-w}{y-w'}\right)zr - \left(\frac{y-w}{y-w'}\right)s_{w'}r + rs_{w'} = zr$$

$$\Leftrightarrow \left(\frac{y-w}{y-w'} - 1\right)zr - \left(\frac{y-w}{y-w'} - 1\right)s_{w'}r = 0$$

$$\Leftrightarrow \left(\frac{w'-w}{y-w'}\right)(z - s_{w'})r = 0$$

因为 y 、z 是 Z_p^* 中接收者的私钥，对于攻击者来说是完全随机的。因此有 $\Pr[s_{w'} = z] = \frac{1}{p-1}$ 和 $\Pr[w' = y] = \frac{1}{p-1}$，其中 $p-1$ 是 Z_p^* 中元素的个数。如上所述，当 $w \neq w'$ 时，并且 Test(GP, sk_S, C, $T_{w'}$) = “正确” 时，下面不等式成立：

$$\text{Adv}_A^{\text{cons}}(\lambda) = \Pr[\text{Exp}_A^{\text{cons}}(\lambda) = 1] = \Pr[(s_{w'} = z) \vee (w' = y)] \leqslant \frac{2}{p-1}$$

显然这一概率是可以忽略的，所以方案是计算一致性的。

方案的安全性： 接下来将证明上述无安全信道的带关键字搜索公钥加密方案在标准模型下的安全性。

定理 3.2 假设 DBDH 问题和 q-ABDHE 问题是难解的，上述方案是标准模型下 IND-SCF-CKA 安全的。

引理 1 设 $q \geqslant q_k + 1$，其中 q_k 是陷门查询的总次数。假设 q-ABDHE 问题是难解的，本书的方案在游戏 1 中是标准模型下抗选择关键字攻击语义安全的。

证明 假设在游戏 1 中存在一个多项式时间攻击者 A 能够在标准模型下攻破本书的方案。建立一个模拟者 B 能够解决 q-ABDHE 问题，具体模拟如下。

挑战者首先设置群 G_1、G_2 以及有效的双线性对 e、群 G_1 的生成元 g。模拟者 B 输入一个 q-ABDHE 问题实例 $(g, g^x, g^{x^2}, \cdots, g^{x^q}, g^z, g^{zx^{q+2}}, T)$，模拟者 B 的目标是区分出 $T = e(g,g)^{x+2}$ 或者 T 是群 G_2 中的一个随机数。

(1) 系统建立。设 λ 是安全参数，(p, g, G_1, G_2, e) 是双线性对的参数，单向哈希函数 $H:\{0,1\}^* \to Z_p^*$，关键字域 $\mathrm{KS}_w = Z_p^*$，公共参数为 $\mathrm{GP} = (p, g, G_1, G_2, e, H, \mathrm{KS}_w)$。随机选取 $a \in Z_p^*$，计算 $X = g^a$，随机选择 $Q \in G_1^*$，设置服务者的公私钥分别为 $\mathrm{pk}_S = (\mathrm{GP}, X, Q)$，$\mathrm{sk}_S = (\mathrm{pk}_s, a)$。随机选取 q 阶多项式 $f(X)$，定义 $Y = g^x$，$h = g^{f(x)}$。接收者的公钥为 $\mathrm{pk}_R = (\mathrm{pk}_s, Y, h)$。发送 pk_R、pk_S、sk_S 给攻击者 A。

(2) 查询阶段 1。攻击者 A 做了一系陷门查询：陷门查询 $<w>$: A 询问 B 关于关键字的陷门查询，B 设置 $S_w = f(w)$，计算 $d_w = g^{\frac{f(x)-f(w)}{x-w}}$，发送陷门 $T_w = (s_w, d_w)$ 给 A。当 $q \geqslant q_k + 1$ 时，$S_w = f(w)$ 对于 A 来说是一个随机数，因为 $f(X)$ 是一个随机的 q 阶多项式。

(3) 挑战。一旦 A 决定查询阶段 1 结束，他输出挑战关键字对 (w_0, w_1)（注意：w_0、w_1 不能是查询阶段 1 中 A 所做的陷门查询的关键字）。B 随机地选择 $b, b \in \{0,1\}$，设置 $w^* = w_b$，$\{s_w = f_k(w^*)\}$，计算 $d_{w^*} = g^{\frac{f(x)-f(w^*)}{x-w^*}}$。

B 随机选择 $s^* \in Z_p^*$，并且计算 $C_1^* = g^{s^*}$，$t^* = H(e(X,Q)^{s^*})$，定义 $q+1$ 阶多项式 $F^*(X) = \dfrac{X^{q+2} - (w^*)^{g+2}}{X - w^*} = \sum_{i=0}^{q+1}(F_i^* X^i)$。计算：

$$C_2^* = (g^{zx^{q+2}} (g^z)^{-(w^*)^{q+2}})^{\frac{1}{t}*}$$

$$C_3^* = T^{F_{q+1}^*} e\left(g^z, \prod_{i=0}^{q} (g^{x^i})^{F_i^*}\right)$$

$$C_4^* = e((C_2^*)^{t^*}, d_{w^*})(C_3^*)^{s_{w^*}}$$

发送挑战密文 $C^* = (C_1^*, C_2^*, C_3^*, C_4^*)$ 给攻击者 A。

设 $r^* = zF^*(x)$，如果 $T = e(g,g)^{zx^{q+1}}$，那么

$$C_2^* = (g^{zx^{q+2}}(g^z)^{-(w^*)q+2})^{\frac{1}{t^*}} = g^{\frac{(x-w^*)\left(\frac{z(x^{q+2}-(w^*)^{q+2})}{x-w^*}\right)}{t^*}} = g^{\frac{(x-w^*)r^*}{t^*}} = (Yg^{-w^*})^{\frac{r^*}{t^*}}$$

$$C_3^* = T^{F_{q+1}^*} e\left(g^z, \prod_{i=0}^{q}(g^{x^i})^{F_i^*}\right) = e(g,g)^{r^*}$$

$$C_4^* = e(g,h)^{r^*}$$

查询阶段 2：A 的查询与阶段 1 相同。

猜测：攻击者输出他的猜测 b'，如果 $b = b'$，输出 1，指 $T = e(g,g)^{zx^{q+1}}$。否则输出 0，指 $T = e(g,g)^r$。

概率分析：如果 $T = e(g,g)^{zx^{q+1}}$，模拟是完美的。A 正确猜出 b 的概率为 $1/2+\varepsilon$。反之 T 是一个随机数，那么 (C_2^*, C_3^*) 是随机且相互独立的。在这种情况下，不等式 $C_3^* \neq e((C_2^*)^*, g)^{\frac{1}{x-w^*}}$ 成立的概率为 $1-1/p$。当不等式成立时，有

$$C_4^* = e((C_2^*)^{t^*}, d_{w^*})(C_3^*)^{s_{w^*}} = e\left((C_2^*)^{t^*}, (h)^{\frac{1}{x-w^*}}\right)\left(\frac{C_3^*}{e((C_2^*)^{t^*}, g)^{\frac{1}{x-w^*}}}\right)^{s_{w^*}}$$

是随机的，并且从 A 的视角是与其他密文元素相互独立的（C_3^* 除外）（因为当 $q \geq q_k + 1$ 时，$s_{w^*} = f(w^*)$ 对于 A 来说是一个随机数，因为 $f(X)$ 是一个随机的 q 阶多项式）。因此 C_4^* 随机的，且和其他密文元素是相互独立的。又因为 $s^* \in Z_p^*$ 是随机选取的，所以 $C_1^* = g^{s^*}$ 是随机的且和 (C_2^*, C_3^*, C_4^*) 是相互独立的。于是 $(C_1^*, C_2^*, C_3^*, C_4^*)$ 没有泄露 b 的任何信息，即攻击者没有任何优势猜中 b。到此完成游戏 1 的证明。

引理 2　假设 DBDH 问题是难解的，上述方案在游戏 2 中是标准模型下抗选择关键字攻击安全的。

证明　假设在游戏 2 中存在一个多项式时间攻击者 A 能够在标准模型下攻击本书的方案。建立一个模拟者 B 能够解决 DBDH 问题。具体模拟如下。

挑战者首先设置群 G_1、G_2，以及有效的双线性对 e、群 G_1 的生成元 g。模拟者被输入一个 DBDH 问题实例 (g, g^a, g^b, g^c, T)，模拟者 B 的目标是区分 $T = e(g,g)^{abc}$ 或者 T 是群 G_2 中的一个随机数。

(1) 系统建立。λ 是安全参数，(p,g,G_1,G_2,e) 是双线性对的参数，单向哈希函数 $H:\{0,1\}^* \to Z_p^*$，公共参数为 $\mathrm{GP}=(p,g,G_1,G_2,e,H,\mathrm{KS}_w)$。$\mathrm{KS}_w$ 表示关键字域。令 $X=g^a,Q=g^b$，设置服务者的公钥为 $\mathrm{pk}_S=(\mathrm{GP},X,Q)$。随机选择 $y\in Z_P^*$，计算 $Y=g^y$。随机选择 $h\in G_1^*$，输出接收者的公私钥对 $(\mathrm{pk}_R,\mathrm{sk}_R)$，其中 $\mathrm{pk}_R=(\mathrm{GP},Y,h)$，$\mathrm{sk}_S=(\mathrm{pk}_R,y)$。$(\mathrm{pk}_R,\mathrm{sk}_R)$ 和 pk_S 发送给攻击者 A。

(2) 挑战。A 输出挑战关键字对 (w_0,w_1)。B 随机地选择 $b\in\{0,1\}$，设置挑战关键字 $w^*=w_b$，令 $C_1^*=g^c$，计算 $t^*=H(T)$，随机选取 $r\in Z_p^*$，计算 $C_2^*=(Yg^{-w^*})^{\frac{r}{t}}$，$C_3^*=e(g,g)^r$，$C_4^*=e(g,h)^r$，输出无安全信道带关键字搜索公钥加密密文 $C^*=(C_1^*,C_2^*,C_3^*,C_4^*)$。发送 C^* 给 A。

(3) 猜测。攻击者输出他的猜测 b'，如果 $b=b'$，输出 1，指 $T=e(g,g)^{abc}$。否则输出 0，指 $T=e(g,g)^r$。

概率分析：假设在游戏 2 中存在 PPT 攻击者 A，能够在标准模型下以不可忽略的优势 ε 赢得游戏。现在给出模拟器 B 成功解决困难问题的概率。

当 $T=e(g,g)^{abc}$ 时，A 一定满足 $|\Pr[b=b']-1/2|\geqslant\varepsilon$。当 T 是 G_2^* 中一个随机数时，$\Pr[b=b']=\dfrac{1}{2}$。其中 a、b、c 是 Z_p^* 中的随机元素，T 是 G_2^* 中的随机元素，于是有

$$|\Pr[B(g,g^a,g^b,g^c,e(g,g)^{abc})]=1-\Pr[B(g,g^a,g^b,g^c,e(g,g))]=1|\geqslant(1/2\pm\varepsilon)-1/2=\varepsilon$$

显然这一概率是不可忽略的。到此完成游戏 2 的证明。

3.2　无安全信道带关键字搜索公钥加密：强安全模型和无随机预言机

3.1 节的方案是基于 Baek 等的无安全信道带关键字搜索公钥加密的安全模型。然而，Rhee 等指出，Baek 等的安全模型没有能够真实反映现实环境的攻击。在他们的模型中攻击者只能获得关键字相应的陷门而不能获得陷门和关键字之间的关系。而事实上一个恶意的接收者能够自己产生他所选关键字的陷门，并且通过和服务者交互得到陷门和密文之间的关系。另外，Baek 等的安全模型需要攻击者向第三方透露他的私钥，即与挑战者共享，这些弊端限制了攻击者的能力。于是 Rhee 等提供了一个无安全信道带关键字搜索公钥加密的增强安全模型，在这个模型中攻击者被允许获得非挑战密文和陷门之间的关系，即在 Baek 等的安全模型的查询中加入了测试查询。同时他们给出了增强安全模型下安全的无安全信道带关键字搜索公钥加密方案，这个方案在随机预言模型下可证安全的。

Rhee 等的安全模型改进了 Baek 等安全模型的弱点，通过引进测试查询和移

除攻击者向挑战者透露他的密钥这一缺点，使得安全模型的定义变得更自然。然而 Rhee 等的安全模型也是不完整的，因为它禁止对非挑战密文 C 和挑战关键字 w_0 的陷门 T_{w_0} 之间的关系进行测试查询，这使得它不符合实际情况。

同样，Rhee 等的安全模型有如下缺点。

(1) 在 Rhee 等的安全模型中，攻击者不需要向挑战者透露他的私钥，攻击者在阶段 2 不允许对非挑战密文 C 和挑战关键字 w_0 的陷门 T_{w_0} 之间的关系进行查询。

(2) Rhee 等的安全模型中内部攻击者不需要向挑战者共享他的密钥。因此，挑战者不能对给定密文和挑战关键字之间的测试查询做出回答。

另外，Rhee 等方案的安全性是在随机预言模型下证明的。不幸的是，所有随机预言模型下的证明仅仅能被当作一个启发式的论据，在标准模型下很可能导致不安全。因此构造一个安全性不依赖于随机预言机的方案是很有必要的。

接下来首先回顾 Rhee 等的安全模型，并且扩展这个模型使它在现实环境中更加切实可行。通过在 Baek 等的模型中加入完整的测试查询，使得它更符合实际情况，即服务者(指定的测试者)能够做一个测试查询来检查密文 C 和关键字 w 之间的关系，只要 $<C,w>\neq<C^*,w_0>$ 或者 $<C,w>\neq<C^*,w_1>$。同时允许对 $w=w_0$ 或者 $w=w_1$ (此时 $T_w=T_{w_0}$ 或者 $T_w=T_{w_1}$) 做测试查询。

本书将重新定义无安全信道带关键字搜索公钥加密的安全模型，用表 3.2 的四个游戏来描述它。把 Baek 等的模型归为共享秘密模型，而 Rhee 等的模型归为非共享秘密模型，并给出了一个高效的无安全信道带关键字搜索公钥加密方案构造。

表 3.2 新安全定义下的游戏

性质	内部攻击者 (服务者)	外部攻击者 (接收方)
Shared Secret Model	Game 1	Game 2
Non-SharedSecret Model	Game 3	Game 4

本书仅考虑无安全信道的方案作比较，结论如下：其中 BSS、RPSL 分别表示 Baek 等的方案和 Rhee 等的方案，如表 3.3 所示。

表 3.3 无安全信道带关键字搜索公钥加密方案的比较

性质	BBS 方案	RPSL 方案	本书方案
StandardModel	no	no	yes
Assumptions	BDH	BDH,BDHI	DBDH, q-ABDHE

3.2.1 强安全模型定义

3.1 节的安全模型给出了无安全信道带关键字搜索公钥加密基于游戏的安全性定

义，即无安全信道的抗选择关键字攻击不可区分性(IND-SCF-CKA)。简单地说，IND-SCF-CKA 保证在服务者和挑战者共享密钥的情况下，任何没有获得给定关键字的陷门的服务者不能够区分无安全信道带关键字搜索公钥加密密文是由哪个关键字加密得到的。并且，任何没有获得服务者私钥的外部攻击者(包括接收者)不能对无安全信道带关键字搜索公钥加密密文做出判断，即使他可以通过攻击者来获得所有的关键字对应的陷门。

本书分为两大类来定义 INS-SS-CKA 游戏和 INS-NSS-CKA 游戏。首先定义共享密钥情况下无安全信道的抗选择关键字攻击不可区分性，即 INS-SS-CKA 游戏，这保留了 Baek 等的安全性定义，增加了攻击者不仅能获得关键字的陷门还能测试无安全信道带关键字搜索公钥加密密文和某个关键字的测试结果。因此本书的模型优于 Baek 等的模型。在 INS-SS-CKA 游戏中又分两种攻击模型，分别由下面的游戏 1 和游戏 2 描述。

在 INS-SS-CKA 游戏中，在 Baek 等的模型中加入测试查询使它更切合实际。另外，Baek 等的模型中攻击者必须和挑战者共享密钥。为了克服这一缺点，Rhee 等通过引进抗选择密文攻击不可区分性(IND-DT-CKA)的无安全信道带关键字搜索公钥加密方案，保证了在可以获得任何非挑战关键字陷门的情况下没有任何服务者能区分无安全信道带关键字搜索公钥加密密文是由关于关键字 w_0、w_1 中的哪个关键字加密得到的。并且，任何没有获得服务者私钥的外部攻击者(包括接收者)不能区分无安全信道带关键字搜索公钥加密密文是由关于关键字 w_0、w_1 中的哪个关键字加密得到的，即使他可以获得非挑战密文和陷门之间的关系。相应地在本节定义非共享密钥情况下，无安全信道的抗选择关键字攻击不可区分性，即 IND-NSS-CKA。本质上 IND-NSS-CKA 游戏由 Rhee 等的安全定义扩展得到的。同样，在 IND-NSS-CKA 游戏中，分为两种攻击模型，称为游戏 3 和游戏 4。

定义 3.4(IND-SS-CKA 游戏)　λ 是安全参数，A 是攻击者。考虑下面两种类型的攻击者 A 和模拟者 B 的游戏。

游戏 1：假设 A 是恶意的服务者。

(1) 系统建立。公共参数产生算法 $\text{GloSetup}(\lambda)$ 和两个密钥产生算法 $\text{KeyGen}_{\text{receiver}}(\text{GP})$，$\text{KeyGen}_{\text{server}}(\text{GP})$ 被执行，产生公共参数 GP，接收者和服务者的公、私钥对 $(\text{pk}_R,\text{sk}_R)$、$(\text{pk}_s,\text{sk}_s)$，接着模拟者 B 把 $(\text{pk}_s,\text{sk}_s)$ 和 pk_R 发送给攻击者 A。

(2) 查询阶段 1。攻击者 A 做了一系列查询。

① 陷门查询<w>。A 适应地询问 B 关于关键字 w，$w\in \text{KS}_w$，所对应的陷门，B 输出给 A 陷门 $T_w=\text{Trapdoor}(\text{GP},\text{sk}_R,w)$。

② 测试查询<C, w>。A 适应地询问 B 关于关键字 w 和无安全信道带关键字搜

索公钥加密密文间的关系，$w \in \mathrm{KS}_w$。B 首先做一个陷门查询<w>来得到陷门 T_w，B 输出给 A 测试 $\mathrm{Test}(\mathrm{GP},T_w,\mathrm{sk}_s,C)$ 的结果。

(3) 挑战。一旦 A 决定查询阶段 1 结束，他输出挑战关键字对 (w_0,w_1)（注意：w_0、w_1 不能是查询阶段 1 中 A 所做的任何陷门查询的关键字）。接收到挑战关键字对后，B 随机地选择 $b, b\in\{0,1\}$，并且产生挑战密文 $C^* = \mathrm{SCF-PEKS}(\mathrm{GP},\mathrm{pk}_R,\mathrm{pk}_S,w_b)$，发送给 A。

(4) 查询阶段 2。A 的查询与阶段 1 相同，限制是 A 不能对 w_0、w_1 做陷门查询，并且如果 $<C,w>=<C^*,w_0>$ 或者 $<C,w>=<C^*,w_1>$ 则不允许做 $<C,w>$ 的测试查询。

(5) 猜测。攻击者输出他的猜测 b'，如果 $b=b'$，则攻击者获得胜利。

定义游戏 1 中攻击者 A 的优势：

$$\mathrm{Adv}_A^{\mathrm{Game}_1}(\lambda) = \left|\Pr[b=b'] - \frac{1}{2}\right|$$

游戏 2：假设 A 是外部的攻击者（包括接收者）。

(1) 系统建立。公共参数产生算法 $\mathrm{GloSetup}(\lambda)$ 和两个密钥产生算法 $\mathrm{KeyGen}_{\mathrm{receiver}}(\mathrm{GP})$、$\mathrm{KeyGen}_{\mathrm{server}}(\mathrm{GP})$ 被执行，产生公共参数 GP，接收者和服务者的公、私钥对 $(\mathrm{pk}_R,\mathrm{sk}_R)$、$(\mathrm{pk}_S,\mathrm{sk}_S)$，接着模拟者 B 把 $(\mathrm{pk}_R,\mathrm{sk}_R)$ 和 pk_S 发送给攻击者 A。

(2) 查询阶段 1。攻击者 A 如下查询：

① 陷门查询$<w>$。A 适应地询问 B 关于关键字 w 所对应的陷门，B 输出给 A 陷门 $T_w = \mathrm{Trapdoor}(\mathrm{GP},\mathrm{sk}_R,w)$。

② 测试查询$<C,w>$。A 适应地询问 B 关于关键字 w 和无安全信道带关键字搜索公钥加密密文间的关系。B 首先做一个陷门查询$<w>$来得到陷门 T_w，B 输出给 A 测试 $\mathrm{Test}(\mathrm{GP},T_w,\mathrm{sk}_S,C)$ 的结果。

(3) 挑战。一旦 A 决定查询阶段 1 结束，输出挑战关键字对 (w_0,w_1)（注意：w_0、w_1 不能是查询阶段 1 中 A 所做的任何陷门查询的关键字）。接收到挑战关键字对后，B 随机地选择 $b\in\{0,1\}$，并且产生挑战密文 $C^* = \mathrm{SCF-PEKS}(\mathrm{GP},\mathrm{pk}_R,\mathrm{pk}_S,w_b)$，发送给 A。

(4) 查询阶段 2。A 的查询与阶段 1 相同，限制是如果 $<C,w>=<C^*,w_0>$ 或者 $<C,w>=<C^*,w_1>$，则不允许做 $<C,w>$ 的测试查询。和游戏 1 不一样，w_0、w_1 这里被允许做陷门查询。

(5) 猜测。攻击者输出他的猜测 b'，如果 $b=b'$，则攻击者获得胜利。定义游戏 1 中攻击者 A 的优势：

$$\mathrm{Adv}_A^{\mathrm{Game}_2}(\lambda)=\left|\Pr[b=b']-\frac{1}{2}\right|$$

如果 $\mathrm{Adv}_A^{\mathrm{Game}_i}(\lambda)(i=1,2)$ 是可忽略的，则无安全信道的带关键字搜索公钥加密方案是 IND-SS-CKA 安全的。

定义 3.5（IND-NSS-CKA 游戏）　λ 是安全参数，A 是攻击者。考虑下面两种类型的攻击者 A 和模拟者 B 的游戏。

游戏 3：假设 A 是恶意的服务者。

(1) 系统建立。公共参数产生算法 $\mathrm{GloSetup}(\lambda)$ 被执行，产生公共参数 GP。A 运行 $\mathrm{KeyGen}_{\mathrm{server}}(\mathrm{GP})$ 产生服务者的公私钥对 $(\mathrm{pk}_S,\mathrm{sk}_S)$，发送 pk_S 给 B。相应地，B 运行 $\mathrm{KeyGen}_{\mathrm{receiver}}(\mathrm{GP})$ 产生接收者的公、私钥对 $(\mathrm{pk}_R,\mathrm{sk}_R)$，发送 pk_R 给攻击者 A。

(2) 查询阶段 1。攻击者 A 做了一系列查询：

① 陷门查询 $<w>$。A 适应地询问 B 所选择的关键字 w 所对应的陷门，B 输出给 A 陷门 $T_w-\mathrm{Trapdoor}(\mathrm{GP},\mathrm{sk}_R,w)$。

② 测试查询 $<C,w>$。A 适应地询问 B 关于关键字 w 和无安全信道带关键字搜索公钥加密密文之间的关系。B 首先做一个陷门查询 $<w>$ 来得到陷门 T_w，B 输出给 A 测试 $\mathrm{Test}(\mathrm{GP},T_w,\mathrm{sk}_S,C)$ 的结果。

(3) 挑战。一旦 A 决定查询阶段 1 结束，他输出挑战关键字对 (w_0,w_1)（注意：w_0、w_1 不能是查询阶段 1 中 A 所做的任何陷门查询的关键字）。接收到挑战关键字对后，B 随机地选择 $b\in\{0,1\}$，并且产生挑战密文 $C^*=\mathrm{SCF-PEKS}(\mathrm{GP},\mathrm{pk}_R,\mathrm{pk}_S,w_b)$，发送给 A。

(4) 查询阶段 2。A 的查询与阶段 1 相同，限制是 A 不能对 w_0、w_1 做陷门查询。

(5) 猜测。攻击者输出他的猜测 b'，如果 $b=b'$，则攻击者获得胜利。

定义游戏 1 中攻击者 A 的优势：

$$\mathrm{Adv}_A^{\mathrm{Game}_3}(\lambda)=|\Pr[b=b']-1/2|$$

游戏 4：假设 A 是外部的攻击者（包括接收者）。

(1) 系统建立。公共参数产生算法 $\mathrm{GloSetup}(\lambda)$ 被执行，产生公共参数 GP。B 运行 $\mathrm{KeyGen}_{\mathrm{server}}(\mathrm{GP})$ 产生服务者的公私钥对 $(\mathrm{pk}_S,\mathrm{sk}_S)$，发送 pk_S 给 A。相应地，A 运行 $\mathrm{KeyGen}_{\mathrm{receiver}}(\mathrm{GP})$ 产生接收者的公、私钥对 $(\mathrm{pk}_R,\mathrm{sk}_R)$，发送 pk_R 给 B。

(2) 查询阶段 1。攻击者 A 做了一系列关键字 w 的查询。

测试查询 $<C,T_w>$：A 适应地询问 B 关于关键字 w 和无安全信道带关键字搜索公钥加密密文间的关系。B 首先做一个陷门查询 $<w>$ 来得到陷门 T_w，B 输出给 A 测试 $\mathrm{Test}(\mathrm{GP},T_w,\mathrm{sk}_S,C)$ 的结果。

(3) 挑战。一旦 A 决定查询阶段 1 结束，输出挑战关键字对 (w_0,w_1)（注意：w_0、w_1 不能是查询阶段 1 中 A 所做的任何陷门查询的关键字）。接收到挑战关键字对后，B 随机地选择 $b \in \{0,1\}$，并且产生挑战密文 $C^* = \text{SCF}-\text{PEKS}(\text{GP}, \text{pk}_R, \text{pk}_S, w_b)$，发送给 A。

(4) 查询阶段 2。A 的查询与阶段 1 相同，限制是如果 $C = C^*$，则不允许做 $< C, T_w >$ 的测试查询。

(5) 猜测。攻击者输出他的猜测 b'，如果 $b = b'$，则攻击者获得胜利。

定义游戏 4 中攻击者 A 的优势：

$$\text{Adv}_A^{\text{Game}_4}(\lambda) = |\Pr[b = b'] - 1/2|$$

如果 $\text{Adv}_A^{\text{Game}_i}(\lambda)(i = 3,4)$ 是可忽略的，则无安全信道的带关键字搜索公钥加密方案是 IND-NSS-CKA 安全。

IND-SS-CKA 游戏和 IND-NSS-CKA 游戏之间有两点本质区别：

(1) IND-SS-CKA 游戏仅考虑了攻击者必须和挑战者共享他的密钥的情况（因此称为共享密钥模型）。IND-NSS-CKA 游戏没有考虑这种情况。

(2) 内部攻击者在 IND-NSS-CKA 游戏中不需要和第三方（如挑战者）共享他的密钥。因此挑战者不能回答密文和给定关键字之间的测试查询结果。

3.2.2 强安全模型下无安全信道的带关键字搜索公钥加密方案构造

设具体方案构造如下。

(1) GloSetup(λ)。λ 是安全参数，(p, g, G_1, G_2, e) 是双线性对的参数。选择单向哈希函数 $H:\{0,1\}^* \to Z_p^*$，关键字域 $\text{KS}_w = Z_p^*$。产生 $u, v \in G_1$ 和强不可伪造一次签名 $\text{Sig} = (G, S, V)$。公共参数为 $\text{GP} = (p, g, G_1, G_2, e, u, v, \text{Sig}, H, \text{KS}_\text{w})$。

(2) $\text{KeyGen}_{\text{server}}(\text{GP})$。随机选择 $x \in Z_P^*$，计算 $X = g^x$，随机选择 $Q \in G_1^*$，输出服务者的公、私钥对 $(\text{pk}_S, \text{sk}_S)$，其中 $\text{pk}_S = (\text{GP}, X, Q), \text{sk}_S = (\text{pk}_S, x)$。

(3) $\text{KeyGen}_{\text{receiver}}(\text{GP})$。随机选择 $y \in Z_P^*$，计算 $Y = g^y$，随机选择 $h \in G_1^*$，输出接收者的公、私钥对 $(\text{pk}_R, \text{sk}_R)$，其中 $\text{pk}_R = (\text{GP}, Y, h), \text{sk}_R = (\text{pk}_R, y)$。

(4) $\text{PEKS}(\text{GP}, \text{pk}_R, \text{pk}_S, w)$：

① 选择强不可伪造一次签名，令密钥对为 $(\text{ssk}, \text{svk}) \leftarrow G(\lambda)$，设置 $C_0 = \text{svk}$。

② 随机选择 $s, r \in Z_p^*$，计算 $C_1 = g^s$，$t = H(e(X, Q)^s)$，$C_2 = (Yg^{-w})^{r/t}$，$C_3 = e(g, g)^r$，$C_4 = e(g, h)^r$，$C_5 = (u^{\text{svk}} v)^s$。

③ 对五元组 $(C_1, C_2, C_3, C_4, C_5)$ 产生一个强不可伪造一次签名 $\sigma = S(\text{ssk}, (C_1, C_2, C_3, C_4, C_5))$。

④ 无安全信道带关键字搜索公钥加密密文为 $C = (C_0, C_1, C_2, C_3, C_4, C_5, \sigma)$，输出 C。

(5) Trapdoor$(\text{CP},\text{sk}_R,w)$。随机选择 $s_w\in Z_p^*$，计算 $d_w=(hg^{-s_w})^{1/(y-w)}$，陷门为 $T_w=(s_w,d_w)$，输出 T_w。

(6) Test$(\text{GP},\text{sk}_S,C,T_w)$。检查下面等式是否成立：

$$V(C_0,\sigma,(C_1,C_2,C_3,C_4,C_5))=1$$

$$e(C_1,u^{C_0}v)=e(C_5,g)$$

计算 $t=H(e(C_1,Q)^x)$，证下面式子是否成立：

$$e(C_2^t,d_w)C_3^{s_w}=C_4$$

如果等式都成立，则输出“正确”，否则输出“不正确”。

效率比较：因为 Rhee 等的安全模型优于 Baek 等的模型，本书的方案只和 Rhee 等的模型进行比较。RPSL 表示 Rhee 等的方案；G_1、G_2表示循环群；t_p、t_e表示线性对运算花费和群 G_1、G_2上的指数运算的花费；t_s、t_v表示签名和验证的计算花费。比较中将不考虑双线线性对 $e(Q,X)$、$e(g,g)$ 和 $e(g,Y)$ 的计算，因为它们可以被看成公钥。同时不考虑 Rhee 等的方案中双线性对 $e(g,h)$、$e(g,u)$ 和 $e(g,\tilde{u})$ 的花费。

从表 3.4 中可以得出，在接收者和服务者的公钥长度以及无安全信道带关键字搜索公钥加密密文计算花费方面本书的方案更有效，而密文长度、陷门长度和测试计算花费不如 Rhee 等的方案有效。但是本书的方案是在增强的安全模型，并且是标准模型下的，而 Rhee 等的方案依赖于随机预言机。

表 3.4　本书方案和 Rhee 等的方案效率比较的结果

效率衡量指标	RPSL 方案	本书方案
$\text{PK}_{\text{server}}$	$3\lvert G_1\rvert$	$2\lvert G_1\rvert$
$\text{PK}_{\text{receiver}}$	$3\lvert G_1\rvert$	$\lvert G_1\rvert$
Trapdoor	$\lvert G_1\rvert$	$\lvert G_1\rvert+Z_p$
Ciphertest	$\lvert G_1\rvert+\lvert G_2\rvert$	$3\lvert G_1\rvert+2\lvert G_2\rvert+\lvert\text{svk}\rvert+\lvert\sigma\rvert$
$\text{ComputeCost}_{\text{PEKS}}$	$5t_p+2t_e$	$6t_e+t_p$
$\text{ComputeCost}_{\text{Test}}$	$1t_p+1t_e$	$3t_p+3t_e+t_v$
RandomOracle Model	yes	no

定理 3.3　上述的无安全信道的带关键字搜索公钥加密方案是满足计算一致性的。

证明　假设存在一个多项式时间攻击者 A 能够破坏上述方案的一致性。(w_0,w_1) 表示在一致性 Experiment 中攻击者 A 输出的关键字对。不失一般性，假设 $w\neq w'$。

令 $S,r\in Z_p^*$ 表示产生密文 PEKS$(\text{GP},\text{pk}_R,\text{pk}_S,w)$ 时随机选择的数。(ssk,svk) 是强

不可伪造一次签名的密钥对。令 $h=g^z$，$C_1=g^s$，$t=H(e(X,Q)^s)$，$C_2=(Yg^{-w})^{r/t}$，$C_3=e(g,g)^r$，$C_4=e(g,h)^r$。

令 $T_{w'}=(s_{w'},d_{w'})$，其中 $d_{w'}=(hg^{-s_w})^{1/(y-w')}=g^{(z-s_w)/(y-w')}$，是由关键字 w' 所产生的陷门。

注意到 $w\neq w'$ 时，A 如果获胜，则必须有 $e(C_2^t,d_{w'})C_3^{S_w}=C_4$。

$$e(C_2^t,d_{w'})C_3^{S_w}=C_4$$

$$\Leftrightarrow e(((Yg^{-w})^{r/t})^t,g^{(z-s_w)/(y-w')})e(g,g)^{rs_w}=e(g,g)^{zr}$$

$$\Leftrightarrow e(g^{y-w)r},g^{(z-s_w)'(y-w')})e(g,g)^{rsw'}=e(g,g)^{zr}$$

$$\Leftrightarrow e(g,g)^{((y-w)/(y-w'))zr}e(g,g)^{-((y-w)/y-w'))_{s_{w'}r}}e(g,g)^{rs_{w'}}=e(g,g)^{zr}$$

$$\Leftrightarrow ((y-w)/(y-w'))zr-((y-w)/(y-w'))_{S_w}r+rs_{w'}=zr$$

$$\Leftrightarrow ((y-w)/(y-w')-1)zr-((y-w)/(y-w')-1)s_{w'}r=0$$

$$\Leftrightarrow \big((w'-w)/(y-w')\big)(z-s_{w'})r=0$$

因为 y、z 是接收者的私钥，对攻击者来说是未知的，因此 $\Pr[s_{w'}=z]=1/(p-1)$，并且 $\Pr[w'=y]=1/(p-1)$，其中 $p-1$ 是 Z_p^* 中元素的个数。如上所述，$w\neq w'$ 时，等式 $\text{Test}(\text{CP},\text{sk}_S,C,T_{w'})=$"正确"成立的概率为

$$\text{Adv}_A^{\text{cons}}(\lambda)=\Pr[\text{Exp}_A^{\text{cons}}(\lambda)=1]=\Pr[(s_{w'}=z)\vee(w'=y)]\leqslant 2/(p-1)$$

显然这一概率是可以忽略的。

方案的 IND-SS-CKA 安全性：接下来将分析本书的方案在不需要随机预言机的条件下的 IND-SS-CKA 安全性，分为游戏 1、游戏 2 两个部分。

定理 3.4　假设 DBDH 问题和 q-ABDHE 问题是难解的，则上述方案是标准模型下 IND-SS-CKA 安全的。

引理 1　设 $q\geqslant q_k+1$，其中 q_k 是陷门查询的总次数。假设 q-ABDHE 问题是难解的，上述的方案在游戏 1 中是标准模型下抗选择关键字攻击语义安全的。

证明　假设在游戏 1 中存在一个多项式时间攻击者 A 能够在标准模型下攻击本书的方案。设 q_k 是陷门查询的总次数，建立一个模拟者 B 能够解决 q-ABDHE 问题，模拟如下。

挑战者首先设置循环群 G_1、G_2，有效的双线性对 e，以及群 G_1 的生成元 g。模拟者被输入一个 q-ABDHE 问题实例 $(g,g^x,g^{x^2},\cdots,g^{x^q},g^z,g^{zx^{q+2}},T)$，模拟者 B 的目标是区分 $T=e(g,g)^{zx^{q+2}}$ 或者 T 是群 G_2 中的一个随机数。

(1) 系统建立。λ 是安全参数，(p,g,G_1,G_2,e) 是双线性对的参数，单向哈希函

数 $H:\{0,1\}^* \to Z_p^*$，关键字域 $\mathrm{KS}_w = Z_p^*$，产生 $u,v \in G_1$ 和强不可伪造一次签名 $\mathrm{Sig}=(G,S,V)$。公共参数为 $\mathrm{GP}=(p,g,G_1,G_2,e,u,v,\mathrm{Sig},H,\mathrm{KS}_w)$。随机选取 $a \in Z_p^*$，计算 $X=g^a$，随机选择 $Q \in G_1^*$，设置服务者的公私钥分别为 $\mathrm{pk}_S=(\mathrm{GP},X,Q),\mathrm{sk}_S=(\mathrm{GP},a)$。

随机选取 q 阶多项式 $f(X)$，定义 $Y=g^x$，$h=g^{f(x)}$。接收者的公钥为 $\mathrm{pk}_R=(\mathrm{pk}_s,Y,h)$。发送 $(\mathrm{pk}_R,\mathrm{pk}_S,\mathrm{sk}_S)$ 给攻击者 A。

(2) 查询阶段 1。攻击者 A 做如下查询：

① 陷门查询 $<w>$。A 询问 B 关于关键字 w 的陷门查询，B 设置 $s_w=f(w)$，计算 $d_w=g^{(f(x)-f(w))/(x-w)}$，发送陷门 $T_w=(s_w,d_w)$ 给 A。当 $q \geqslant q_k+1$ 时，$s_w=f(w)$ 对于 A 来说是一个随机数，因为 $f(X)$ 是一个随机的 q 阶多项式。

② 测试查询 $<C,w>$。A 适应地询问 B 关于关键字 w 和无安全信道带关键字搜索公钥加密密文 C 之间的测试查询结果。B 首先做一个陷门查询 $<w>$ 来得到陷门 T_w，然后 B 输出给 A 测试 $\mathrm{Test}(\mathrm{GP},T_w,\mathrm{sk}_S,C)$ 的结果。

(3) 挑战。一旦 A 决定查询阶段 1 结束，他输出挑战关键字对 (w_0,w_1)（注意：w_0、w_1 不能是查询阶段 1 中 A 所做的任何陷门查询的关键字）。B 随机地选择 $b \in \{0,1\}$，设置 $w^*=w_b$，产生强不可伪造一次签名的密钥对为 $(\mathrm{ssk}^*,\mathrm{svk}^*) \leftarrow G(\lambda)$，设置 $C_0^*=\mathrm{svk}^*$，$s_{w^*}=f_k(w^*)$，计算 $d_{w^*}=g^{(f(x)-f(w^*))/(x-w^*)}$。

B 随机选择 $s^* \in Z_p^*$，并且计算 $C_1^*=g^{s^*},t^*=H(e(X,Q)^{s^*})$，定义 $q+1$ 阶多项式 $F^*(X)=(X^{q+2}-(w^*)^{q+2})/(X-w^*)=\sum_{i}^{q+1}(F_i^*X^i)$。计算：

$$C_2^*=(g^{zx^{q+2}}(g^z)^{-(w^*)^{q+2}})^{1/t^*}$$

$$C_3^*=T^{F_{q+1}^*}e\left(g^z,\prod_{i=0}^{q}(g^{x^i})^{F_i^*}\right)$$

$$C_4^*=e((C_2^*)^{t^*},d_{w^*})(C_3^*)^{s_w^*}$$

产生一个强不可伪造一次签名 $\sigma^*=S(\mathrm{ssk}^*,(C_1^*,C_2^*,C_3^*,C_4^*,C_5^*))$。发送 SCF-PEKS 的挑战密文 $C^*=(C_0^*,C_1^*,C_2^*,C_3^*,C_4^*,C_5^*,\sigma^*)$ 给攻击者 A。

设 $r^*=zF^*(x)$，如果 $T=e(g,g)^{zx^{q+1}}$，那么

$$C_2^*=(g^{zx^{q+2}}(g^z)^{-(w^*)^{q+2}})^{1/t^*}=g^{(x-w^*)(z(x^{q+2}-(w^*)^{q+2})/(x-w^*))/t^*}=g^{(x-w^*)r^*/t^*}=(Yg^{-w^*})^{r^*/t^*}$$

$$C_3^*=T^{F_{q+1}^*}e\left(g^z,\prod_{i=0}^{q}(g^{x^i})^{F_i^*}\right)=e(g,g)^{r^*}$$

$$C_4^* = e(g,h)^{r^*}$$

(4) 查询阶段 2。A 的查询与阶段 1 相同，限制是 A 不能对 w_0、w_1 做陷门查询，并且如果 $<C,w>=<C^*,w_0>$ 或者 $<C,w>=<C^*,w_1>$，则不允许做 C,w 的测试查询。

(5) 猜测。攻击者输出他的猜测 b'，如果 $b=b'$，输出 1，指 $T=e(g,g)^{zx^{q+1}}$；否则输出 0，指 $T=e(g,g)^r$。

概率分析：如果 $T=e(g,g)^{zx^{q+1}}$，模拟是完美的。A 正确猜出 b 的概率为 $1/2+\varepsilon$；否则 T 是一个随机数，于是 (C_2^*,C_3^*) 是随机且相互独立。显然不等式 $C_3^* \neq e((C_2^*)^{t^*},g)^{1/(x-w^*)}$ 成立的概率为 $1-1/p$。当不等式成立时，有

$$C_4^* = e((C_2^*)^{t^*},d_{w^*})(C_3^*)^{s_{w^*}^*} = e((C_2^*)^{t^*},(h)^{1/(x-w^*)})(C_3^*)/(e((C(C_2^*)^{t^*},g)^{1/(x-w^*)}))^{s_{w^*}}$$

是随机的，并且从 A 的视角看 C_4^* 与其他元素是相互独立的（C_3^* 除外），因为 S_{w^*} 是随机的。又因为 $s^* \in Z_p^*$ 是随机选取的，所以 $C_1^* = g^{s^*}$ 是随机的且和 (C_2^*,C_3^*,C_4^*) 是相互独立的。挑战密文 $C^*=(C_0^*,C_1^*,C_2^*,C_3^*,C_4^*,C_5^*,\sigma^*)$ 没有泄露 b 的任何信息。

引理 2 假设 DBDH 问题是难解的，则上述的方案在游戏 2 中是标准模型下抗选择关键字攻击语义安全的。

证明 假设在游戏 2 中存在一个多项式时间攻击者 A 能够在标准模型下攻击本书的方案。我们建立一个模拟者 B 能够解决 DBDH 问题，模拟如下。

挑战者首先设置群 G_1、G_2，有效的双线性对 e，以及群 G_1 的生成元 g。模拟者被输入一个 DBDH 问题实例 $(g,g^a \cdot g^b,g^c,T)$，模拟者 B 的目标是区分 $T=e(g,g)^{abc}$ 或者 T 是群 G_2 中的一个随机数。

首先定义事件 F_{OTS} 并给出它的发生概率范围。$C^*=(C_0^*,C_1^*,C_2^*,C_3^*,C_4^*,C_5^*,\sigma^*)$ 表示游戏中发送给攻击者 A 的挑战密文。F_{OTS} 表示这样一个事件：A 对密文 $C=(\text{svk}^*,C_1,C_2,C_3,C_4,C_5,\sigma)$ 进行解密查询，并且 $V(\text{svk}^*,\sigma,(C_1,C_2,C_3,C_4,C_5))=1$。在阶段 1，$A$ 不知道关于 svk^* 的任何信息，因此事件 F_{OTS} 发生的概率不超过 $q_k\theta$。q_k 为测试查询的总次数，θ 为一次签名的验证密钥 svk^* 出现的最大概率（不超过 $1/q$）。在阶段 2，F_{OTS} 的发生给出了一个破坏强不可伪造一次签名的算法，因此 $\Pr[F_{\text{OTS}}] \leqslant q_k/p+\text{Adv}^{\text{OTS}}$，不等号右边第二项是强不可伪造一次签名被破坏的概率，因此也是可忽略的。

在整个模拟过程中，如果事件 F_{OTS} 发生，则模拟者 B 停止游戏并且输出随机数代表猜测的结果。在准备阶段 B 产生强不可伪造一次签名的密钥对 $(\text{ssk}^*,\text{svk}^*) \leftarrow G(\lambda)$，并且提供给攻击者 A 参数 $u=(g^a)^{\alpha_1}$ 和 $v=(g^a)^{-\alpha_1 \text{svk}^*}g^{\alpha_2}$，其中 $\alpha_1,\alpha_2 \in Z_p^*$ 是随机选择的。整个模拟过程如下。

(1) 系统建立。λ 是安全参数，(p,g,G_1,G_2,e) 是双线性对的参数，单向哈希函数 $H:\{0,1\}^* \to Z_p^*$，公共参数为 $\text{GP}=(p,g,G_1,G_2,e,H,\text{KS}_w)$。$\text{KS}_w$ 表示关键字域，产

生 $u,v \in G_1$ 和强不可伪造一次签名 $\mathrm{Sig}=(G,S,V)$。令 $X=g^a$，$Q=g^b$，设置服务者的公、钥分别为 $\mathrm{pk}_S=(\mathrm{GP},X,Q)$。随机选择 $y \in Z_P^*$，计算 $Y=g^y$。随机选择 $h \in G_1^*$，输出接收者的公、私钥对 $(\mathrm{pk}_R,\mathrm{sk}_R)$，其中 $\mathrm{pk}_R=(\mathrm{GP},Y,h)$，$\mathrm{sk}_R=(\mathrm{pk}_R,y)$。$(\mathrm{pk}_R,\mathrm{sk}_R)$ 和 pk_S 发送给攻击者 A。

(2) 查询阶段 1。攻击者 A 做如下查询。

① 陷门查询 $<w>$。A 询问 B 关于关键字 w 的陷门，B 随机选择 $s_w \in Z_p^*$，计算 $d_w=(hg^{-s_w})^{1/(y-w)}$，发送陷门 $T_w=(s_w,d_w)$ 给 A。

② 测试查询 $<C,w>$。A 适应地询问 B 关于关键字 w 和无安全信道带关键字搜索公钥加密密文 $C=(C_0,C_1,C_2,C_3,C_4,C_5,\sigma)$ 间的关系。B 首先做一个陷门查询 $<w>$ 来得到陷门 T_w，然后验证下面式子是否成立。

$$V(C_0,\sigma,(C_1,C_2,C_3,C_4,C_5))=1$$

$$e(C_1,u^{C_0}v)=e(C_5,g)$$

如果成立，分为下面两种情况。

a．如果 $C_0=\mathrm{svk}=\mathrm{svk}^*=C_0^*$，且 $(C_1,C_2,C_3,C_4,C_5,\sigma) \neq (C_1^*,C_2^*,C_3^*,C_4^*,C_5^*,\sigma^*)$，这种情况下即为事件 F_{OTS} 发生，停止游戏(如准备阶段描述的一样，阶段 1 和阶段 2 事件 F_{OTS} 发生的概率是不同的)。

b．如果 $C_0=\mathrm{svk} \neq \mathrm{svk}^*=C_0^*$，密文的合法性确保：$e(C_1,u^{c_0}v)=e(C_5,g)$ 且 $C_5=(u^{\mathrm{svk}}v)^s=((g^a)^{\alpha_1 \mathrm{svk}}(g^a)^{-\alpha_1 sv^*}g^{\alpha_2})^s=((g^{as})^{\alpha_1(\mathrm{svk}-\mathrm{svk}^*)}g^{s\alpha_2})$。因为 $C_1=g^s$，B 能够计算 $g^{as}=(C_5/(C_1^{\alpha_2}))^{1/(\alpha_1(\mathrm{svk}-\mathrm{svk}^*))}$，然后 B 能够计算 $t=H(e(C_1,Q)^x)=H(e(g^a,g^b)^s)=H(e(g^{as},g^b)^s)=H(e((C_5/(C_1^{a_2}))^{1/(a_1(\mathrm{svk}-sv^*))},g_b))$。

B 验证下面式子是否成立：

$$e({C_2}^t,d_w){C_3}^{S_w}=C_4$$

如果所有等式都成立，输出“正确”，否则输出“不正确”。

(3) 挑战。A 输出挑战关键字对。B 随机地选择 $b \in \{0,1\}$，设置挑战关键字 $w^*=w_b$，$C_0^*=\mathrm{svk}^*$，$C_1^*=g^c$，$t^*=H(T)$，随机选取 $r \in Z_p^*$，计算：${C_2}^*=(Yg^{-w^*})^{r/t}$，$C_3^*=e(g,g)^r$，$C_4^*=e(g,h)^r$，$C_5^*=(u^{\mathrm{svk}^*}v)^c=((g^a)^{\alpha_1 \mathrm{svk}^*}(g^a)^{-\alpha_1 \mathrm{svk}^*}g^{\alpha_2})^c=(g^c)^{\alpha_2}$。产生一个强不可伪造一次签名 $\sigma^*=S(\mathrm{ssk}^*,(C_1^*,C_2^*,C_3^*,C_4^*,C_5^*))$。发送挑战密文 $C^*=(C_0^*,C_1^*,C_2^*,C_3^*,C_4^*,C_5^*,\sigma^*)$ 给 A。

(4) 查询阶段 2。A 的查询与阶段 1 相同，限制是如果 $<C,w>=<C^*,w_0>$ 或者 $<C,w>=<C^*,w_1>$ 则不允许做 $<C,w>$ 的测试查询。和游戏 1 不一样，w_0、w_1 这里被允许做陷门查询。

(5) 猜测。攻击者输出他的猜测 b'，如果 $b=b'$，输出 1，指 $T=e(g,g)^{abc}$；否则输出 0，指 $T=e(g,g)^r$。

概率分析：假设在游戏 2 中存在 PPT 攻击者 A，能够在标准模型下以不可忽略的优势 ε 赢得游戏。现在分析模拟器 B 的攻击成功概率。

当 $T=e(g,g)^{abc}$ 时，A 一定满足 $|\Pr[b=b']-1/2|\geqslant\varepsilon$。当 T 是 G_2^* 中一个随机数时，因为 $t^*=H(T)$，从 A 的角度来看，C_2^* 是随机的，C_2^* 没有泄露 b 的任何信息，我们有 $\Pr[b=b']=1/2$，其中 a、b、c 是 Z_p^* 中的随机元素，T 是 G_2^* 中的元素，于是有

$$\Pr[B(g,g^a,g^b,g^c,e(g,g)^{abc})]=1-\Pr[B(g,g^a,g^b,g^c,e(g,g)^{\gamma})]=1|\geqslant\left(\frac{1}{2}\pm\varepsilon\right)-\frac{1}{2}=\varepsilon$$

显然这一概率是不可忽略的。到此完成游戏 2 的证明。

方案的 IND-NSS-CKA 安全性：接下来将分析本书的方案不需要随机预言机的 IND-NSS-CKA 安全性，分为游戏 3、游戏 4 分析。

定理 3.5　假设 DBDH 问题和 q-ABDHE 问题是难解的，上述方案是标准模型下 IND-NSS-CKA 安全的。

引理 3　设 $q\geqslant q_k+1$，其中 q_k 是陷门查询的总次数。本书的方案在游戏 3 中是标准模型下抗选择关键字攻击语义安全的，假设 q-ABDHE 问题是难解的。

证明　假设在游戏 1 中存在一个多项式时间攻击者 A 能够在标准模型下攻击本书的方案。设 q_k 是陷门查询的总次数，建立一个模拟者 B 能够解决 q-ABDHE 问题，模拟如下。

挑战者首先设置群 G_1、G_2，有效的双线性对 e，以及群 G_1 的生成元 g。模拟者被输入一个 q-ABDHE 问题实例 $(g,g^x,g^{x^2},\cdots,g^{x^q},g^z,g^{zx^{q+2}},T)$，模拟者 B 的目标是区分 $T=e(g,g)^{zx^{q+2}}$ 或者 T 是群 G_2 中的一个随机数。

(1) 系统建立。λ 是安全参数，(p,g,G_1,G_2,e) 是双线性对的参数，单向哈希函数 $H:\{0,1\}^*\to Z_p^*$，公共参数为 $\mathrm{GP}=(p,g,G_1,G_2,e,H,\mathrm{KS}_w)$。$\mathrm{KS}_w=Z_p^*$ 表示关键字域。产生 $u,v\in G_1$ 和强不可伪造一次签名 $\mathrm{Sig}=(G,S,V)$。A 运行 $\mathrm{KeyGen}_{\mathrm{sever}}(\mathrm{GP})$ 产生服务者的公、私钥对 $(\mathrm{pk}_S,\mathrm{sk}_S)$，发送 $\mathrm{pk}_S=(\mathrm{GP},Q,X)$ 给 B。

B 随机选取 q 阶多项式 $f(X)$，定义 $Y=g^x,h=g^{f(x)}$。接收者的公钥为 $\mathrm{pk}_R=(\mathrm{GP},Y,h)$。发送 pk_R 给攻击者 A。

(2) 查询阶段 1。攻击者 A 做如下查询。

① 陷门查询 $<w>$。A 询问 B 关于关键字 w 的陷门，B 设置 $s_w=f(w)$，计算 $d_w=g^{(f(x)-f(w))/(x-w)}$，发送陷门 $T_w=(s_w,d_w)$ 给 A。当 $q\geqslant q_k+1$ 时，$s_w=f(w)$ 对于 A 来说是一个随机数，因为 $f(X)$ 是一个随机的 q 阶多项式。

② 测试查询 $<C,w>$。A 适应地询问 B 关于关键字 w 和无安全信道带关键字搜索公钥加密密文间的关系。B 首先做一个陷门查询 $<w>$ 来得到陷门 T_w，B 输出给 A 测试 $\mathrm{Test}(\mathrm{GP},T_w,\mathrm{sk}_S,C)$ 的结果。

(3) 挑战。一旦 A 决定查询阶段 1 结束，他输出挑战关键字对 (w_0, w_1)（注意：w_0、w_1 不能是查询阶段 1 中 A 所做的任何陷门查询的关键字）。B 随机地选择 $b \in \{0,1\}$，设置 $w^* = w_b$，产生强不可伪造一次签名的密钥对为 $(\text{ssk}^*, \text{svk}^*) \leftarrow G(\lambda)$，设置 $C_0^* = \text{svk}^*$，$s_{wk^*} = f_k(w^*)$，计算 $d_{w^*} = g^{(f(x)-f(w^*))/(x-w^*)}$。

B 随机选择 $s^* \in Z_p^*$，并且计算 $C_1^* = g^{s^*}$，$t^* = H(e(X,Q)^{s^*})$，定义 $q+1$ 阶多项式 $F^*(X) = (X^{q+2} - (w^*)^{q+2}) / (X - w^*) = \sum_i^{q+1} (F_i^* X^i)$。计算：

$$C_2^* = (g^{zx^{q+2}} (g^z)^{-(w^*)^{q+2}})^{1/t}$$

$$C_3^* = T^{F_{q+1}^*} e\left(g^z, \prod_{i=0}^{q} (g^{x^i})^{F_i^*} \right)$$

$$C_4^* = e((C_2^*)^{t^*}, d_{w^*})(C_3^*)^{s_{w^*}}$$

产生一个强不可伪造一次签名 $\sigma^* = S(\text{ssk}^*, (C_1^*, C_2^*, C_3^*, C_4^*, C_5^*))$，发送 SCF-PEKS 挑战密文 $C^* = (C_0^*, C_1^*, C_2^*, C_3^*, C_4^*, C_5^*, \sigma^*)$ 给攻击者 A。设 $r^* = zF^*(x)$，如果 $T = e(g,g)^{zx^{q+1}}$，那么

$$C_2^* = (g^{zx^{q+2}} (g^z)^{-(w^*)^{q+2}})^{1/t} = g^{(x-w^*)(z(x^{q+2}-(w^*)^{q+2})/(x(x-w^*))/t^*} = g^{(x-w^*)r^*/t^*} = (Yg^{-w^*})^{r^*/t^*}$$

$$C_3^* = T^{F_{q+1}^*} e\left(g^z, \prod_{i=0}^{q} (g^{x^i})^{F_i^*} \right) = e(g,g)^{r^*}$$

$$C_4^* = e(g,h)^{r^*}$$

(4) 查询阶段 2。A 的查询与阶段 1 相同，限制是 A 不能对 w_0、w_1 做相应的陷门查询。

(5) 猜测。攻击者输出他的猜测 b'，如果 $b = b'$，输出 1，指 $T = e(g,g)^{zx^{q+1}}$；否则输出 0，指 $T = e(g,g)^r$。

概率分析： 如果 $T = e(g,g)^{zx^{q+1}}$，模拟是完美的。A 正确猜出 b 的概率为 $1/2+\varepsilon$。否则 T 是一个随机数，那么 (C_2^*, C_3^*) 是随机且相互独立。在这种情况下不等式 $C_3^* \neq e((C_2^*)^{t^*}, g)^{1/(x-w^*)}$ 成立的概率为 $1-1/p$。当不等式成立时，有

$$C_4^* = e((C_2^*)^{t^*}, d_{w^*})(C_3^*)^{s_{w^*}} = e((C_2^*)^{t^*}, (h)^{1/(x-w^*)})(C_3^*) / (e((C_2^*)^{t^*}, g)^{1/(x-w^*)})^{s_{w^*}}$$

是随机的，因为私钥 s_{w^*} 是随机的。并且从 A 获得的知识的角度看，C_4^* 与其他密文元素是相互独立的（C_3^* 除外）。因此 C_4^* 是随机的，且是相互独立的。因为 $s^* \in Z_p^*$

是随机选取的，$C_1^* = g^{s^*}$ 是随机的且和 (C_2^*, C_3^*, C_4^*) 是相互独立的。挑战密文 $C^* = (C_0^*, C_1^*, C_2^*, C_3^*, C_4^*, C_5^*, \sigma^*)$ 没有泄露 b 的任何信息。到此完成游戏 1 的证明。

引理 4　假设 DBDH 问题是难解的，上述的方案在游戏 4 中是标准模型下抗选择关键字攻击语义安全的。

证明　假设在游戏 2 中存在一个多项式时间攻击者 A 能够在标准模型下攻击本书的方案。建立一个模拟者 B 能够解决 DBDH 问题，模拟如下。

挑战者首先设置群 G_1、G_2，有效的双线性对 e，以及群 G_1 的生成元 g。模拟者被输入一个 DBDH 问题实例 (g, g^a, g^b, g^c, T)，模拟者 B 的目标是区分 $T = e(g,g)^{abc}$ 或者 T 是群 G_2 中的一个随机数。

事件 F_{OTS} 的定义与之前游戏完全一致。在准备阶段，B 产生强不可伪造一次签名的密钥对 $(\text{ssk}^*, \text{svk}^*) \leftarrow G(\lambda)$，提供给 A 公共参数，包括 $u = (g^a)^{\alpha_1}$ 和 $v = (g^a)^{-\alpha_1 \text{svk}^*} g^{\alpha_2}$，$\alpha_1, \alpha_2 \in Z_p^*$ 是随机的。整个游戏，A 的环境模拟如下。

(1) 系统建立。λ 是安全参数，(p, g, G_1, G_2, e) 是双线性对的参数，单向哈希函数 $H: \{0,1\}^* \to Z_p^*$，公共参数为 $\text{GP} = (p, g, G_1, G_2, e, H, \text{KS}_w)$。$\text{KS}_w$ 表示关键字域。产生 $u, v \in G_1$ 和强不可伪造一次签名 $\text{Sig} = (G, S, V)$。

B 设置 $X = g^a$，$Q = g^b$，设置服务者的公钥分别为 $\text{pk}_S = (\text{GP}, X, Q)$ 发送给 A。

相应地，A 运行 $\text{KeyGen}_{\text{receiver}}(\text{GP})$ 产生接收者的公、私钥对 $(\text{pk}_R, \text{sk}_R)$，发送 $\text{pk}_R = (\text{GP}, Y, h)$ 给 B。

(2) 查询阶段 1。攻击者 A 做如下查询。

测试查询 $<C, T_w>$：A 适应地询问 B 关于关键字 w 和无安全信道带关键字搜索公钥加密密文 $C = (C_0, C_1, C_2, C_3, C_4, C_5, \sigma)$ 间的关系。B 首先做一个陷门查询 $<w>$ 来得到陷门 T_w，然后验证下面式子是否成立。

$$V(C_0, \sigma, (C_1, C_2, C_3, C_4, C_5)) = 1$$

$$e(C_1, u^{c_0} v) = e(C_5, g)$$

如果成立，分为下面两种情况。

① 如果 $C_0 = \text{svk} = \text{svk}^* = C_0^*$，且 $(C_1, C_2, C_3, C_4, C_5, \sigma) \neq (C_1^*, C_2^*, C_3^*, C_4^*, C_5^*, \sigma^*)$。这种情况下即为事件 F_{OTS} 发生，停止游戏(正如准备阶段描述的，事件 F_{OTS} 发生的概率是可以忽略的)。

② 如果 $C_0 = \text{svk} \neq \text{svk}^* = C_0^*$，密文的合法性确保：$e(C_1, u^{C_0} v) = e(C_5, g)$。且 $C_5 = (u^{\text{svk}} v)^s = ((g^a)^{\alpha_1 vk} (g^a)^{-\alpha_1 \text{svk}^*} g^{\alpha_2})^s = ((g^{as})^{\alpha_1(\text{svk}-\text{svk}^*)} g^{s\alpha_2})$。因为 $C_1 = g^s$，B 能够计算 $g^{as} = (C_5 / (C_1^{\alpha_2}))^{1/(\alpha_1(\text{svk}-\text{svk}^*))}$，然后 B 能够计算 $t = H(e(C_1, Q)^x) = H(e(g^a, g^b)^s) = H(e(g^{as}, g^b)) = H(e((C_5 / (C_1^{\alpha_2}))^{1/(\alpha_1(\text{svk}-\text{svk}^*))}, g^b))$。$B$ 验证下面式子是否成立。

$e(C_2^t, d_w) C_3^{S_\omega} = C_4$。如果所有等式都成立，输出“正确”，否则输出“不正确”。

(3) 挑战。A 输出挑战关键字对 (w_0, w_1)，B 随机地选择 $b \in \{0,1\}$，设置挑战关键字 $w^* = w_b$，$C_0^* = \mathrm{svk}^*$，$C_1^* = g^c$，计算 $t^* = H(T)$，随机选取 $r \in Z_p^*$，计算：$C_2^* = (Yg^{-w^*})^{r/t}$，$C_3^* = e(g,g)^r$，$C_4^* = e(g,h)^r$，$C_5^* = (u^{\mathrm{svk}^*} v)^c = ((g^a)^{\alpha_1 vk^*} (g^a)^{-\alpha_1 \mathrm{svk}^*} g^{\alpha_2})^c = (g^c)^{\alpha_2}$。

产生一个强不可伪造一次签名 $\sigma^* = S(\mathrm{ssk}^*, (C_1^*, C_2^*, C_3^*, C_4^*, C_5^*))$，输出 PEKS 挑战密文 $C^* = (C_0^*, C_1^*, C_2^*, C_3^*, C_4^*, C_5^*, \sigma^*)$，发送 C^* 给 A。

(4) 查询阶段 2。A 的查询与阶段 1 相同，限制是如果 $C, w = C^*, w_0$ 或者 $C, w = C^*, w_1$ 则不允许做 C, w 的测试查询。和游戏 1 不一样，w_0、w_1 这里允许做陷门查询。

(5) 猜测。攻击者输出他的猜测 b'，如果 $b = b'$，输出 1，指 $T = e(g,g)^{abc}$；否则输出 0，指 $T = e(g,g)^r$。

概率分析：假设在游戏 2 中存在 PPT 攻击者 A，能够在标准模型下以不可忽略的优势 ε 赢得游戏。现在给出模拟器 B 成功解决困难问题的概率：

当 $T = e(g,g)^{abc}$ 时，模拟是完美的，所以 A 一定满足 $|\Pr[b = b'] - 1/2| \geqslant \varepsilon$。当 T 是 G_2^* 中一个随机数时，因为 $t^* = H(T)$，从 A 的角度来看，C_2^* 是随机的，C_2^* 没有泄露 b 的任何信息，所以有 $\Pr[b = b'] = 1/2$。其中 a、b、c 是 Z_p^* 中的随机元素，T 是 G_2^* 中的随机元素，于是有

$$\Pr[B(g, g^a, g^b, g^c, e(g,g)^{dc})] = 1 - \Pr[B(g, g^a, g^b, g^c, e(g,g))] = 1 | \geqslant \left(\frac{1}{2} \pm \varepsilon\right) - \frac{1}{2} = \varepsilon$$

显然这一概率是不可忽略的。到此完成游戏 4 的证明。

3.3　抗关键字猜测攻击安全的无安全信道带关键字搜索公钥加密

在实际应用中，人们通常会使用常用的关键字(Low Entropy)附加在加密的邮件中。这个特征导致了带关键字搜索公钥加密的一个重要攻击，称为关键字猜测攻击，在这种攻击中一个恶意的攻击者能够成功地猜测关键字的一些候选集，并且以离线的方式验证他的猜测。通过这种离线的关键字猜测攻击，恶意攻击者能够获得加密邮件的相关信息，因此获得关键字。这个攻击最初是由 Byun 等提出来的，他观察到 Merriam-Webseter 的学术字典仅仅包含 225000 个关键字的定义。Byun 等更进一步指出了 Boneh 等的方案不能抵抗这种关键字攻击。如果在 PEKS 方案中关键字猜测能够被成功地实施，攻击者能够知道哪个关键字是接收者和发送者所用的关键字。受 Byun 等的启发，Yau 等提出了离线关键字猜测攻击 Baek 等的 PEKS 方案和 PKE/PEKS 方案。

考虑两种类型的攻击者：①服务者；②既不是接收者也不是服务者。Jeong等证明了当攻击者是服务者时无安全信道的带关键字搜索公钥加密的一致性意味着关键字猜测的攻击成功。例如，当攻击者是服务者时，攻击者知道服务者的私钥α，显然攻击者能够执行测试算法$\mathrm{dTest}(C,T_w,\alpha)$，具体攻击如下。

步骤 1：服务者获得一个合法的陷门T_w，他的目标是尝试从陷门T_w中猜出关键字w。

步骤 2：服务者猜测一个关键字w'，产生w'的 PEKS 密文C。

步骤 3：服务者验证等式$\mathrm{dTest}(C,T_w,\alpha)=1$，如果等式成立，则猜测的关键字$w'$是正确的结果，否则返回步骤 2。

上述例子说明当攻击者是服务者时，构造一个抗关键字猜测的 SCF-PEKS 方案是不可行的。本书将不考虑这种类型攻击，而是仅仅分析外部攻击者的情况(即攻击者既不是接收者也不是服务者)。

既不是接收者也不是服务者的攻击者A来攻击 Beak 的方案。

步骤 1：服务者获得一个合法的陷门$T_w = yH_1(w)$。

步骤 2：服务者猜测一个关键字w'，计算$H_1(w)$。

步骤 3：A验证等式$e(Y,H_1(w'))=e(P,T_w)$，如果成立，猜测的关键字w'是正确的结果，否则转到步骤 2。

当$w=w'$，则下面等式成立：

$$e(Y,H_1(w'))=e(yP,H_1(w))=e(P,yH_1(w))=e(P,T_w)$$

在此关键字猜测攻击中，显然不需要计算 PEKS 密文就可以实现攻击。因为 SCF-PEKS 方案允许接收者通过公开信道来发送陷门，因此，攻击者很容易获得陷门并且做如上的攻击。Byun 等留下了开放问题：构造抗关键字猜测攻击的 PEKS 方案。Rhee 等通过构建一个新的随机预言模型下抗关键字猜测安全的 SCF-PEKS 方案，但仍然有缺陷。

(1) 随机预言机模型。Rhee 等的方案是在随机预言机模型下证明的，随机预言机模型下安全的方案被应用到实际中可能会导致不安全。因此急需构造一个不依赖于随机预言机的方案。

(2) 非形式化的安全性定义。Rhee 等的解决方法缺少形式化的抗关键字猜测的安全性定义，只是提供了安全性说明。

基于以上讨论，本书将给出抗关键字猜测不可区分性的定义(IND-KGA)。简单地说，IND-KGA 确保任何外部攻击者(既不是接收者也不是服务者)在获得挑战关键字的陷门情况下不能获得挑战陷门和关键字之间的关系。

表 3.5 是 Baek 等的方案、Rhee 等的方案和本书方案的比较。显然本书提供了抗关键字猜测攻击的 SCF-PEKS 方案，同时本书的方案安全性是在标准模型下可证安全的。

表 3.5　各种 SCF-PEKS 方案的比较

性质	Baek 等的方案	Rhee 等的方案	本书方案
ROM	yes	yes	no
Keyword Guessing Attack	no	yes	yes
Assumption	BDH	BDH, q-BDHI	DBDH, q-ABDHE

3.3.1　复杂性假设

与之前不同的是，在本节中使用的是非对称的双线性对，同时复杂性假设也会基于非对称的双线性对。

定义 3.6　非对称双线性对 BMsetup(λ) 是一个算法，它的输入为 λ，输出为非对称双线性对的参数：$\gamma=(p,G_1,G_2,G_T,e,g,\tilde{g})$，其中 G_1、G_2、G_T 是阶为 p 的循环群，g 是群 G_1 的生成元，$\tilde{g}$ 是群 G_2 的生成元。如果下面的条件成立，则 $e:G_1\times G_2\to G_T$ 是非对称双线性对。

(1) 双线性：对于任意 $a,b\in Z_P$，有 $e(g^a,\tilde{g}^b)=e(g,\tilde{g})^{ab}$。

(2) 非退化性：对任意 $g_1\in G_1$，$\tilde{g}_2\in G_2$，使得 $e(g_1,\tilde{g}_2)\neq I_{G_T}$，其中 I_{G_T} 为群 G_T 的单位元。

(3) 可计算性：对于任意 $g_1\in G_1,\tilde{g}_2\in G_2$，存在有效的算法计算 $e(g_1,\tilde{g}_2)$。

定义 3.7　SXDH 假设。$e:G_1\times G_2\to G_T$ 是一个非对称的双线性对，$\gamma=(p,G_1,G_2,G_T,e,g,\tilde{g})$ 是双线性对的参数。定义敌手 B 的优势函数 $\mathrm{Adv}_{G_1,B}^{\mathrm{SXDH}}(\lambda)$ 如下：

$$|\Pr[B(g,g^a,g^b,g^{ab})]=1-\Pr[B(g,g^a,g^b,g^r)]=1|$$

其中，$a,b,r\in Z_p$ 是随机选取的。优势函数 $\mathrm{Adv}_{G_1,B}^{\mathrm{SXDH}}(\lambda)$ 如下：

$$|\Pr[B(\tilde{g},\tilde{g}^a,\tilde{g}^b,\tilde{g}^{ab})]=1-\Pr[B(\tilde{g},\tilde{g}^a,\tilde{g}^b,\tilde{g}^r)]=1|$$

其中，$a,b,r\in Z_p$ 是随机选取的。如果对于所有的 PPT 敌手 B，$\mathrm{Adv}_{G_1,B}^{\mathrm{SXDH}}(\lambda)$、$\mathrm{Adv}_{G_2,B}^{\mathrm{SXDH}}(\lambda)$ 是可忽略的，称非对称 SXDH 假设成立。

定义 3.8　非对称 DBDH 假设。$e:G_1\times G_2\to G_T$ 是一个非对称双线性对，$\gamma=(p,G_1,G_2,G_T,e,g,\tilde{g})$ 是非对称双线性对的参数。定义敌手 B 的优势函数 $\mathrm{Adv}_{G_1,B}^{\mathrm{DBDH}}(\lambda)$ 为

$$|\Pr[B(g,\tilde{g},g^a,\tilde{g}^b,\tilde{g}^c,e(g,\tilde{g})^{abc})]=1-\Pr[B(g,\tilde{g},g^a,\tilde{g}^b,\tilde{g}^c,e(g,\tilde{g})^r)]=1|$$

其中，$a,b,c,r \in Z_p$ 是随机选取的。如果对于所有的 PPT 敌手 B，$\mathrm{Adv}_{G_1,B}^{\mathrm{DBDH}}(\lambda)$ 是可忽略的，则非对称 DBDH 假设成立。

定义 3.9 非对称 Truncated（Decisional）q-ABDHE 假设。$e: G_1 \times G_2 \to G_T$ 是一个双线性对，$\gamma = (p, G_1, G_2, G_T, e, g, \tilde{g})$ 是双线性对的参数。定义敌手 B 的优势函数 $\mathrm{Adv}_{G_1,B}^{q\text{-ABDHE}}(\lambda)$ 为

$$
\begin{aligned}
&|\Pr[B(g, g^x, \cdots, g^{x^q}, \tilde{g}, \tilde{g}^x, \cdots, \tilde{g}^{x^q}, \tilde{g}^z, \tilde{g}^{z^{q+2}}, e(g,\tilde{g})^{x^{q+1}})] \\
&= 1 - \Pr[B(g, g^x, \cdots, g^{x^q}, \tilde{g}, \tilde{g}^x, \cdots, \tilde{g}^{x^q}, \tilde{g}^z, \tilde{g}^{x^{q+2}}, e(g,\tilde{g})^r)] = 1|
\end{aligned}
$$

其中，$x,z,r \in Z_p$ 是随机选取的。如果对于所有的 PPT 敌手 B，$\mathrm{Adv}_{G_1,B}^{q\text{-ABDHE}}(\lambda)$ 是可忽略的，则非对称 Truncated (Decisional) q-ABDHE 假设成立。

3.3.2 抗关键字猜测攻击的 SCF-PEKS 方案及安全性形式化定义

SCF-PEKS 方案及一致性的定义在本章开始已经定义，这里省略细节。同样方案还需要满足抗选择关键字攻击的不可区分性(IND-SCF-CKA)，这也跟 3.1 节的安全模型定义是一致的。唯一不同的是抗关键字猜测攻击不可区分性的定义(IND-KGA)。非正式地，IND-KGA 确保任何外部攻击者(既不是接收者也不是服务者)在获得挑战关键字的陷门情况下不能获得挑战陷门和任何关键字之间的关系。

定义 3.10 IND-KGA 游戏。攻击者 A (既不是接收者也不是服务者)做关键字猜测攻击，λ 是安全参数，考虑以下游戏。

(1) 系统建立。公共参数产生算法 $\mathrm{GloSetup}(\lambda)$ 和两个密钥产生算法 $\mathrm{KeyGen}_{\mathrm{receiver}}(\mathrm{GP})$、$\mathrm{KeyGen}_{\mathrm{sever}}(\mathrm{GP})$ 被执行，产生公共参数，接收者和服务者的公、私钥对 $(\mathrm{pk}_R, \mathrm{sk}_R)$、$(\mathrm{pk}_S, \mathrm{sk}_S)$，接着模拟者 B 把 $(\mathrm{pk}_S, \mathrm{pk}_R)$ 发送给攻击者 A。

(2) 查询阶段 1。攻击者 A 做如下查询。

陷门查询<w>：A 适应地询问 B 关于关键字 w 所对应的陷门，B 返回给 A 陷门 $T_w = \mathrm{Trapdoor}(\mathrm{GP}, \mathrm{sk}_R, w)$。

(3) 挑战。一旦 A 决定查询阶段 1 结束，输出挑战关键字对 (w_0, w_1) (注意：w_0、w_1 不能是查询阶段 1 中 A 所做的任何陷门查询相应的关键字)。接收到挑战关键字对，B 随机地选择 $b \in \{0,1\}$，并且产生挑战陷门 $T_w = \mathrm{Trapdoor}(\mathrm{GP}, \mathrm{sk}_R, w)$，发送给 A。

(4) 查询阶段 2。A 的查询与阶段 1 相同，限制是 A 不能对 w_0、w_1 做相应的陷门查询。

(5) 猜测。攻击者输出他的猜测 b'，如果 $b = b'$，则攻击者获得胜利。

定义 IND-KGA 游戏中攻击者 A 的优势为 $\mathrm{Adv}_A^{\mathrm{ID\text{-}KGA}}(\lambda) = |\Pr[b = b'] - 1/2|$。如果 $\mathrm{Adv}_A^{\mathrm{ID\text{-}KGA}}(\lambda)$ 是可忽略的，则 SCF-PEKS 方案被称为关键字猜测攻击安全的。

3.3.3 抗关键字猜测攻击安全的 SCF-PEKS 方案

方案构造如下：

（1）GloSetup(λ)。λ 是安全参数，$\gamma=(p,G_1,G_2,G_T,e,g,\tilde{g})$ 是非对称双线性对参数。哈希函数 $H':\{0,1\}^*\to Z_p^*$。产生 $\tilde{u},\tilde{v}\in G_2$ 和强不可伪造一次签名 $\mathrm{sig}=(G,S,V)$，全局参数为 $\mathrm{GP}=(p,g,G_1,G_2,G_T,e,\tilde{u},\tilde{v},\mathrm{sig},H')$。

（2）KeyGen$_{\mathrm{sever}}$(GP)。随机选择 $x\in Z_p^*$，计算 $X=g^x$，随机选择 $\tilde{Q}\in G_2^*$，输出服务者的公、私钥对 $(\mathrm{pk}_s,\mathrm{sk}_s)$，其中 $\mathrm{pk}_S=(\mathrm{GP},X,\tilde{Q})$，$\mathrm{sk}_S=(\mathrm{pk}_S,x)$。

（3）KeyGen$_{\mathrm{receiver}}$(GP)。关键字域为 $\mathrm{KS}_w=\{0,1\}^n$。选择 $n+1$ 随机元素 $e_0,e_1,\cdots,e_n\in Z_p$，计算 $h_i=g^{e_i}$，$h=(h_0,h_1,\cdots,h_n)\in G_1^{n+1}$ 为哈希函数的公共参数描述。哈希函数 $H:\{0,1\}^n\to G_1$ 作用在关键字的二进制串展开 $w=(w_1,w_2,\cdots,w_n)\in\{0,1\}^n$，其哈希值为

$$h(w)=e_0+\sum_{i=1}^{n}(e_i\cdot w_i)，\quad H(w)=h_0\prod_{i=1}^{n}(h_i^{w_i})=g^{h(n)}$$

随机选择 $y,z\in Z_p^*$，计算 $\tilde{Y}=\tilde{g}^y$，$\tilde{Z}=\tilde{g}^z$。输出接受者的公、私钥对，分别为 $\mathrm{pk}_R=(\mathrm{pk}_S,\tilde{Y},\tilde{Z},h_0,h_1,\cdots,h_n)$、$\mathrm{sk}_R=(\mathrm{pk}_R,y,z,e_0,e_1,\cdots,e_n)$。

（1）PEKS$(\mathrm{GP},\mathrm{pk}_R,\mathrm{pk}_S,w)$。

① 选择强不可伪造一次签名密钥对为 $(\mathrm{ssk},\mathrm{svk})\leftarrow G(\lambda)$，设置 $C_0=\mathrm{svk}$。

② 随机选择 $s,r\in Z_p^*$，计算

$$C_1=g^s，\quad t=H'(e(X,\tilde{Q})^s)，\quad C_2=(\tilde{Y}\tilde{g}^{-w})^{r/t}$$

$$C_3=e(H(w),\tilde{g})^r，\quad C_4=e(H(w),\tilde{Z})^r，\quad C_5=(\tilde{u}^{\mathrm{svk}}\tilde{v})^s$$

③ 对五元组 (C_1,C_2,C_3,C_4,C_5) 产生一个强不可伪造一次签名：$\sigma=S(\mathrm{ssk},(C_1,C_2,C_3,C_4,C_5))$。

④ PEKS 密文为 $C=(C_0,C_1,C_2,C_3,C_4,C_5,\sigma)$，返回 C。

（2）Trapdoor$(\mathrm{CP},\mathrm{sk}_R,w)$。随机选择 $S_w\in Z_p^*$，计算 $d_w=X^{k(w)(z-s_w)/(y-w)}$ 陷门为 $T_w=(s_w,d_w)$，返回 T_w。

（3）Test$(\mathrm{GP},\mathrm{sk}_S,C,T_w)$。验证下面式子是否成立：

$$V(C_0,\sigma,(C_1,C_2,C_3,C_4,C_5))=1$$

$$e(C_1,\tilde{u}^{C_0}\tilde{v})=e(g,C_5)$$

计算 $t=H'(e(C_1,\tilde{O})^x)$，验证下面式子是否成立：

$$e(d_w,C_2^{t/x})C_3^{S_w}=C_4$$

如果上述等式都成立，返回“正确”，否则返回“不正确”。

正确性：接下来给出正确产生的密文将被拥有正确陷门的服务者检查通过。令 $C=(C_1,C_2,C_3,C_4,C_5)$ 是由关键字 w 用 pk_R、pk_S 加密产生的，$T_w=(s_w,d_w)$，有下式成立。

$$\begin{aligned} t &= H'(e(C_1,\tilde{Q})^x) \\ &= H'(e(g^s,\tilde{Q})^x) \\ &= H'(e(g^x,\tilde{Q})^s) \\ &= H'(e(X,\tilde{Q})^s) \end{aligned}$$

$$\begin{aligned} e\left(d_w, C_2^{\frac{t}{x}}\right)C_3^{S_w} &= e\left(X^{\frac{h(w)(z-s_w)}{y-w}}, \left((\tilde{Y}\tilde{g}^{-w})^{\frac{r}{t}}\right)^{\frac{t}{x}} (e(H(w),\tilde{g})^r\right)^{s_w} \\ &= e(g,\tilde{g})^{y(w)(z-s_w)r} e(g,\tilde{g})^{y(w)rs_w} \\ &= e(g,\tilde{g})^{l(w)zx} = C_4 \end{aligned}$$

定理 3.6 上述的 SCF-PEKS 方案是满足计算一致性的。

证明 假设存在一个多项式时间攻击者 A 能够破坏本书方案的一致性。(w_0,w_1) 表示在一致性 Experiment 中攻击者 A 返回的关键字对。不失一般性，假设 $w \neq w'$。

$s,r \in Z_p^*$ 表示产生密文 $\mathrm{PEKS}(\mathrm{GP},\mathrm{pk}_R,\mathrm{pk}_S,w)$ 时的随机数。(ssk,svk) 是强不可伪造一次签名的密钥对。令 $C_0=\mathrm{svk}$，$C_1=g^s$，$t=H(e(X,\tilde{Q})^s)$，$C_2=(\tilde{Y}\tilde{g}^{-w})^{r/t}$，$C_3=e(H(w),\tilde{g})^r$，$C_4=e(H(w),\tilde{Z})^r$，$C_5=(\tilde{u}^{\mathrm{svk}}\tilde{v})^s$，$T_{w'}=(s_{w'},d_{w'})$，其中 $d_{w'}=X^{h(w')(z-s_w)/(y-w')}$，是由关键字 w' 所产生的陷门。

注意到 $w \neq w'$ 时，A 获胜，则 $e(d_w,C_2^{t/x})C_3^{S_w}=C_4$。

$$e(,d_w,C_2^{t/x})C_3^{S_w}=C_4$$

$$\Leftrightarrow e(X^{h(w)(z-s_v)/(y-w)},(\tilde{Y}\tilde{g}^{-w})^{r/t\cdot t/x})e(H(w),\tilde{g})^{rs_w}=e(H(w),\tilde{Z})^r$$

$$\Leftrightarrow e(g^{h(w)(z-s_w)/(y-w)},\tilde{g}^{(y-w)r})e(g,\tilde{g})^{h(w)s_w r^r}=e(g,\tilde{g})^{h(wh)zr}$$

$$\Leftrightarrow e(g^{(h(w)(y-w)/(y-w))(z-s_w)r},\tilde{g})e(g,\tilde{g})^{h(w)s_w r^r}=e(g,\tilde{g})^{h(w)zr}$$

$$\Leftrightarrow e(g^{(h(w')(y-w)/(y-w'))zr},\tilde{g})e(g,\tilde{g})^{-((h(w')(y-w)/(y-w'))s_w r)}e(g,\tilde{g})^{h(w)rs_w}=e(g,\tilde{g})^{h(w)zr}$$

$$\Leftrightarrow (h(w')(y-w)/(y-w'))zr-(h(w')(y-w)/(y-w'))s_w r+h(w)rs_{w'}=h(w)zr$$

$$\Leftrightarrow (h(w')(y-w)/(y-w'))-(h(w')(y-w)/(y-w'))s_w r=0$$

$$\Leftrightarrow [h(w')y-w-h(w)(y-w')/(y-w')(z-s_{w'})r=0$$

因为 y、z 是 Z_p^* 中接收者未知的私钥，所以 $\Pr[h(w')(y-w)-h(w)(y-w')=0]=1/(p-1)$，$\Pr[s_{w'}=z]=1/(p-1)$，且 $\Pr[w'=y]=1/(p-1)$。其中 $p-1$ 是 Z_p^* 中元素的个数。如上所述，$w \neq w'$ 时，$\text{Test}(\text{CP},\text{sk}_S,C,T_{w'})=$“正确”：

$$\begin{aligned}\text{Adv}_A^{\text{cons}}(\lambda) &= \Pr[\text{Exp}_A^{\text{cons}}(\lambda)=1] \\ &= \Pr[(h(w')(y-w)-h(w)(y-w')) \vee (s_{w'}=z) \vee (w'=y)] \leqslant 3/(p-1)\end{aligned}$$

方案的安全性：

定理 3.7　假设非对称双线性对下 DBDH 问题和 q-ABDHE 问题是难解的，则上述方案是标准模型下 IND-SCF-CKA 安全的。

引理 1　设 $q \geqslant q_k+1$，其中 q_k 是陷门查询的总次数。假设 q-ABDHE 问题是难解的，上述的方案在服务者游戏中是标准模型下抗选择关键字攻击语义安全的（IND-SCF-CKA 安全性）。

证明　假设在服务者游戏中存在一个多项式时间攻击者 A 能够在标准模型下攻击本书的方案。设 q_k 是陷门查询的总次数，建立一个模拟者 B 能够解决 q-ABDHE 问题，模拟过程如下。

挑战者首先设置群 G_1、G_2、G_T 和有效的双线性对 e，以及群 G_1 的生成元 g。模拟者输入一个 q-ABDHE 问题实例 $(g,g^x,\cdots,g^{x^q},\tilde{g},\tilde{g}^x,\cdots,\tilde{g}^{x^q},\tilde{g}^z,\tilde{g}^{zx^{q+2}},T)$，模拟者 B 的目标是区分 $T=e(g,\tilde{g})^{zx^{q+2}}$ 或者 T 是群 G_T 中的一个随机数。

(1) 系统建立。λ 是安全参数，$\gamma=(p,G_1,G_2,G_T,e,g,\tilde{g})$ 是双线性对参数。单向哈希函数 $H':\{0,1\}^* \to Z_p^*$，产生 $\tilde{u},\tilde{v} \in G_2$ 和强不可伪造一次签名 $\text{Sig}=(G,S,V)$。公共参数为 $\text{GP}=(p,g,G_1,G_2,G_T,e,\tilde{u},\tilde{v},\text{sig},H')$。随机选取 $a \in Z_p^*$，计算 $X=g^a$，随机选择 $\tilde{Q} \in G_2^*$，输出服务者的公、私钥对 $\text{pk}_S=(\text{GP},X,\tilde{Q})$，$\text{sk}_S=(\text{pk}_S,a)$。令关键字域为 $\text{KS}_w=\{0,1\}^n$。选择 $n+1$ 随机元素 $e_0,e_1,\cdots,e_n \in Z_p$，计算 $h_i=g^{e_i}$，$h=(h_0,h_1,\cdots,h_n) \in G_1^{n+1}$ 为哈希函数的公共参数。哈希函数 $H:\{0,1\}^n \to G_1$ 作用在关键字的二进制串 $w=(w_1,w_2,\cdots,W_n) \in \{0,1\}^n$ 的值为 $h(w)=e_0+\sum_{i=1}^{n}(e_i,w_i)$，$H(w)=h_0\prod_{i=1}^{n}(h_i^{w_i})=g^{h(w)}$。随机选取 q 阶多项式 $f(X)$，定义 $\tilde{Y}=\tilde{g}^x,\tilde{Z}=\tilde{g}^{f(x)}$。接收者的公、私钥分别为 $\text{pk}_R=(\text{pk}_S,\tilde{Y},\tilde{Z},h_0,h_1,\cdots,h_n)$，$\text{sk}_R=(\text{pk}_R,x,f(x),e_0,e_1,\cdots,e_n)$（注意到 B 无法计算 $x,f(x)$）。发送 $(\text{pk}_R,\text{pk}_S,\text{sk}_S)$ 给攻击者 A。

(2) 查询阶段 1。攻击者 A 做如下查询：

① 陷门查询<w>。A 询问关于关键字 w 的陷门，B 计算 $s_w=f(w)$，计算 $d_w=(g^{(f(x)-f(w))/(x-w)})^{ah(w)}$，发送陷门 $T_w=(s_w,d_w)$ 给 A。当 $q \geqslant q_k+1$ 时，因为 $f(X)$ 是一个随机的 q 阶多项式，所以对 A 来说 $s_w=f(w)$ 是一个随机数。

② 测试查询$<C,w>$。A适应地询问B关于关键字w和PEKS密文间的关系。B首先做陷门查询$<w>$来得到陷门T_w，B返回给A测试$\text{Test}(\text{GP},T_w,\text{sk}_S,C)$的结果。

(3) 挑战。一旦A决定查询阶段1结束，他输出挑战关键字对(w_0,w_1)。B随机地选择$b\in\{0,1\}$，设置$w^*=w_b$，产生强不可伪造一次签名的密钥对为$(\text{ssk}^*,\text{svk}^*)\leftarrow G(\lambda)$，设置$C_0^*=\text{svk}^*$，$\{s_{w^*}=f_k(w^*)\}$，计算$d_{w^*}=(g^{(f-f(w^*))/(x-w^*)})^{ah(w^*)}$。

B随机选择$s^*\in Z_p^*$，并且计算$C_1^*=g^{s^*},t^*=H'(e(X,\tilde{Q})^{s^*})$，定义$q+1$阶多项式$F^*(X)=(X^{q+2}-(w^*)^{q+2})/(X-w^*)=\sum_{i=0}^{q+1}(F_i^*X^i)$。计算：

$$C_2^*=(\tilde{g}^{zx^{q+2}}(\tilde{g}^z)^{-(w^*)^{q+1}})^{1/t^*}$$

$$C_3^*=\left(T^{F_{q+1}^*}e\left(\prod_{i=0}^{q}(g^{x^i})^{F_i^*},\tilde{g}^z\right)\right)^{h(w^*)}$$

$$C_4^*=e(d_{w^*},(C_2^*)^{t^*/a})(C_3^*)^{s_{w^*}}$$

产生一个强不可伪造一次签名$\sigma^*=S(\text{ssk}^*,(C_1^*,C_2^*,C_3^*,C_4^*,C_5^*))$，发送挑战PEKS密文$C^*=(C_0^*,C_1^*,C_2^*,C_3^*,C_4^*,C_5^*,\sigma^*)$给攻击者$A$。设$r^*=zF^*(x)$，如果$T=e(g,g)^{zx^{q+1}}$，那么

$$\begin{aligned}C_2^*&=(g^{zx^{q+1}}(g^z)^{-(w^*)^{q+2}})^{\frac{1}{t^*}}\\&=g^{(x-w^*)(z(x^{q+1}-(w^*)^{q+1})/(x-w^*))/t^*}\\&=g^{(x-w^*)r^*/t^*}=(Yg^{-w^*})^{r^*/t^*}\end{aligned}$$

$$\begin{aligned}C_3^*&=\left(T^{F_{q+1}^*}e\left(\prod_{i=0}^{q}(g^{x^i})^{F_i^*},\tilde{g}^z\right)\right)^{h(w^*)}\\&=e(H(w^*),\tilde{g})^{r^*}\end{aligned}$$

(4) 查询阶段2。A的查询与阶段1相同，限制是A不能对w_0、w_1做相应的陷门查询，并且限制如果$<C,w>=<C^*,w_0>$或者$<C,w>=<C^*,w_1>$则不允许做$<C,w>$的测试查询。

(5) 猜测。攻击者输出他的猜测b'，如果$b=b'$，输出1，指$T=e(g,\tilde{g})^{x^{q+1}}$。否则输出0，指$T=e(g,\tilde{g})^r$。

概率分析：如果$T=e(g,\tilde{g})^{x^{q+1}}$，模拟是完美的，$A$正确猜出$b$的概率为$1/2+\varepsilon$。否则$T$是一个随机数，$(C_2^*,C_3^*)$是随机且相互独立。在这种情况下不等式$C_3^*\neq e(g,(C_2^*)^{t^*h(w^*)})^{1/(x-w^*)}$成立的概率为$1-1/p$。当不等式成立时，有

$$\begin{aligned} C_4^* &= e(d_{w^*},(C_2^*)^{t^*/a})(C_3^*)^{s_{w^*}} \\ &= e(X^{h(w^*)(f(x)-s_w*)/(x-w^*)},(C_2^*)^{i^*/a})(C_3^*)^{s_{w^*}} \\ &= e(g^{f(x)/(x-w^*)},(C_2^*)^{t^*h(w^*)})((C_3^*)/e(g,(C_2^*)^{t^*h(w^*)}))^{s_w^*} \end{aligned}$$

是随机的，并且从 A 的视角是相互独立的（C_4^* 除外）。因为 s_{w^*} 是随机选取的（当 $q \geqslant q_k+1$，$s_{w^*}=f(w^*)$ 从 A 的视角独立的）且和 A 的视角是独立的（C_3^* 除外）。

因此 C_4^* 随机的，且是相互独立的。因为 $s^* \in Z_p^*$ 是随机选取的，$C_1^*=g^{s^*}$ 是随机的且和 (C_2^*,C_3^*,C_4^*) 是相互独立的。挑战密文 $C^*=(C_1^*,C_2^*,C_3^*,C_4^*,C_5^*)$ 没有泄露 b 的任何信息。到此完成游戏 1 的证明。

引理 2　假设 DBDH 问题是难解的，本书的方案在接收者游戏中是标准模型下抗选择关键字攻击语义安全的。

证明　假设在接收者游戏中存在一个多项式时间攻 A 能够在标准模型下攻击本书的方案。我们建立一个模拟者 B 能够解决 DBDH 问题，模拟如下。

挑战者首先设置群 G_1、G_2、G_T 有效的双线性对 e，以及群 G_1 的生成元 g。模拟者输入一个 DBDH 问题实例 $(g,\tilde{g}^a,\tilde{g}^b,g^c,T)$，模拟者 B 的目标是区分 $T=e(g,\tilde{g})^{abc}$ 或者 T 是群 G_T 中的一个随机数。

在描述 B 之前，首先定义事件 F_{OTS} 并给出它发生的概率范围。$C^*=(\text{svk}^*,C_1^*,C_2^*,C_3^*,C_4^*,C_5^*,\sigma^*)$ 表示游戏中发送给攻击者 A 的挑战密文。F_{OTS} 表示这样一个事件，即 A 对密文 $C^*=(\text{svk}^*,C_1^*,C_2^*,C_3^*,C_4^*,C_5^*,\sigma^*)$ 进行解密查询，并且 $V(\text{svk}^*,\sigma,(C_1,C_2,C_3,C_4,C_5))=1$。在阶段 1，$A$ 不知道关于 svk^* 的任何信息，因此 F_{OTS} 发生的概率不超过 $q_k\theta$。其中 q_k 是测试查询的总次数，θ 表示强不可伪造一次签名的验证密钥 svk^* 出现的最大概率（不超过 $1/p$）。在阶段 2，F_{OTS} 给出了一个破坏强不可伪造一次签名的算法。因此 $\Pr[F_{\text{OTS}}] \leqslant q_k/p+\text{Adv}^{\text{OTS}}$，第二部分是强不可伪造一次签名被破坏的概率，因此也是可忽略的。

当 F_{OTS} 发生时 B 停止并输出一个随机特位。在准备阶段，B 产生一次签名对 $(\text{ssk}^*,\text{svk}^*) \leftarrow G(\lambda)$，提供给 A 公共参数，包括 $\tilde{u}=(\tilde{g}^b)^{\alpha_1}$，$\tilde{v}=(\tilde{g}^b)^{-\alpha_1 s_1 sk^*}\tilde{g}^{\alpha_2},\alpha_1,\alpha_2 \in Z_p^*$ 是随机选取的。整个游戏过程中，A 的环境模拟如下。

(1) 系统建立：λ 是安全参数，$\gamma=(p,G_1,G_2,G_T,e,g,\tilde{g})$ 是双线性对参数。单向哈希函数 $H':\{0,1\}^* \to Z_p^*$，产生 $\tilde{u},\tilde{v} \in G_2$ 和强不可伪造一次签名 $\text{Sig}=(G,S,V)$。公共参数为 $\text{GP}=(p,g,G_1,G_2,G_T,e,\tilde{u},\tilde{v},\text{sig},H')$。设置 $X=g^a$，$\tilde{Q}=\tilde{g}^b$，设置服务者的公钥为 $\text{pk}_S=(\text{GP},X,\tilde{Q})$。

关键字域为 $\text{KS}_w=\{0,1\}^n$。选择 $n+1$ 随机元素 $e_0,e_1,\cdots,e_n \in Z_p$，计算 $h_i=g^{e_i}$，$h=(h_0,h_1,\cdots,h_n) \in G_1^{n+1}$ 为哈希函数的公共参数。哈希函数 $H:\{0,1\}^n \to G_1$ 作用在关键

字的二进制展开串 $w=(w_1,w_2,\cdots,w_n)\in\{0,1\}^n$，其哈希值为 $h(w)=e_0+\sum_{i=1}^{n}(e_i\cdot w_i)$，$H(w)=h_0\prod_{i=1}^{n}(h_i^{v_i})=g^{h(w)}$。

随机选择 $y,z\in Z_P^*$，计算 $\tilde{Y}=\tilde{g}^y,\tilde{Z}=\tilde{g}^z$。输出接收者的公、私钥对 $(\mathrm{pk}_R,\mathrm{sk}_R)$，其中 $\mathrm{pk}_R=(\mathrm{pk}_S,\tilde{Y},\tilde{Z},h_0,h_1,\cdots,h_n)$，$\mathrm{sk}_R=(\mathrm{pk}_R,x,f(x),e_0,e_1,\cdots,e_n)$。发送 $(\mathrm{pk}_R,\mathrm{sk}_R)$ 和 pk_S 给攻击者 A。

(2) 查询阶段 1。攻击者 A 做陷门和测试查询如下。

① 陷门查询 $<w>$。因为 A 知道接收者的私钥，对任何关键字 $w\in\mathrm{KS}_w$，可以通过算法 $T_w=\mathrm{Trapdoor}(\mathrm{GP},\mathrm{sk}_R,w)$ 来计算陷门 T_w。

② 测试查询 $<C,w>$。A 询问 B 所选择的关键字 w 和 PEKS 密文 $C=(C_0,C_1,C_2,C_3,C_4,C_5,\sigma)$ 之间的关系。B 验证下面式子是否成立。

$$V(C_0,\sigma,(C_1,C_2,C_3,C_4,C_5))=1$$

$$e(C_1,\tilde{u}^{c_0}\tilde{v})=e(g,C_5)$$

如果成立，分为下面两种情况。

③ 如果 $C_0=\mathrm{svk}=\mathrm{svk}^*=C_0^*$，且 $(C_1,C_2,C_3,C_4,C_5,\sigma)\neq(C_1^*,C_2^*,C_3^*,C_4^*,C_5^*,\sigma^*)$。这种情况下即事件 F_{OTS} 发生，停止游戏。

④ 如果 $C_0=\mathrm{svk}\neq\mathrm{svk}^*=C_0^*$，密文的合法性确保：

$$e(C_1,\tilde{u}^{C_0}\tilde{v})=e(g,C_5)$$

$$C_5=(\tilde{u}^{\mathrm{svk}}\tilde{v})^s=((\tilde{g}^b)^{a_1\mathrm{svk}}(\tilde{g}^b)^{-a_1\mathrm{svk}^*}\tilde{g}^{a_2})^s=((\tilde{g}^{bs})^{a_1(\mathrm{svk}\text{-}\mathrm{svk}^*)}\tilde{g}^{sa_2})$$

因为 $C_1=g^s$，B 能够计算 $g^{bs}=(C_5/(C_1^{a_2}))^{1/(a_1(\mathrm{svk}-\mathrm{svk}^*))}$，然后 B 能够计算 $t=H'(e(C_1,\tilde{Q})^s)=H'(e(g^a,\tilde{g}^b)^s)=H'(e(g^a,g^{bs}))=H'(e(g^a,(C_5/(C_1^{a_2}))^{1/(a_1(\mathrm{svk}-\mathrm{svk}^*))}))'$。

B 选择 $s_w\in Z_p^*$，计算 $d_w=X^{h(w)(z-s_w)/(y-w)}$。$B$ 验证下面式子是否成立：

$$e(d_w,C_2^{t/x})C_3^{S_w}=C_4$$

如果所有等式都成立，返回“正确”，否则返回“不正确”。

(3) 挑战。一旦 A 决定查询阶段 1 结束，输出挑战关键字对 w_0、w_1。B 随机地选择 $b\in\{0,1\}$，设置挑战关键字 $w^*=w_b$，$C_0^*=\mathrm{svk}^*$，$C_1^*=g^c$，$t^*=H'(T)$，随机选取 $r\in Z_p^*$，计算：$C_2^*=(\tilde{Y}g^{-w^*})^{r/t^*}$，$C_3^*=e(H(w),\tilde{g})^r$，$C_4^*=e(H(w),Z)^r$，$C_5^*=(\tilde{u}^{\mathrm{svk}^*}\tilde{v})^c=((\tilde{g}^b)^{a_1\mathrm{svk}^*}(\tilde{g}^b)^{-a_1\mathrm{svk}^*}\tilde{g}^{a_2})^c=(\tilde{g}^c)^{a_2}$。

产生一个强不可伪造一次签名 $\sigma^*=S(\mathrm{ssk}^*,(C_1^*,C_2^*,C_3^*,C_4^*,C_5^*))$。

返回 PEKS 密文 $C^*=(C_0^*,C_1^*,C_2^*,C_3^*,C_4^*,C_5^*,\sigma^*)$。发送 C^* 给 A。

(4) 查询阶段 2：A 的查询与阶段 1 相同，限制是如果 $<C,w>=<C^*,w_0>$ 或者

$<C,w>=<C^*,w_1>$则不允许做$<C,w>$的测试查询。和服务者游戏不一样，这里w_0、w_1允许做陷门查询。

(5)猜测。攻击者输出他的猜测b'，如果$b=b'$，输出1，指$T=e(g,\tilde{g})^{abc}$。否则输出0，指$T=e(g,\tilde{g})^r$。

概率分析：假设在游戏2中存在PPT攻击者A，能够在标准模型下以优势ε赢得游戏。现在给出模拟器B求解困难问题的概率：

当$T=e(g,\tilde{g})^{abc}$时。A一定满足$|\Pr[b=b']-1/2|\geqslant\varepsilon$。当$T$是$G_T$中一个随机数时，$\Pr[b=b']=1/2$。$a,b,c$是$Z_p^*$中的元素，$T$是$G_T$中的元素，于是有

$$\Pr[B(g,g^a,\tilde{g}^b,\tilde{g}^c,e(g,\tilde{g})^{dx})]=1-\Pr[B(g,g^a,\tilde{g}^b,\tilde{g}^c,e(g,\tilde{g})^r)]=1\geqslant\left(\frac{1}{2}\pm\varepsilon\right)-\frac{1}{2}=\varepsilon$$

是不可忽略的。到此完成接收者游戏的证明。

接下来给出方案的抗关键字猜测攻击的安全性。

IND-KGA游戏：A是外部攻击者(既不是服务者也不是接收者)。

引理3　假设SXDH问题是难解的，则上述的方案是标准模型下IND-KGA安全的。

证明　假设在IND-KGA游戏中存在一个多项式时间攻击者A能够在标准模型下攻击本书的方案。建立一个模拟者B能够解决非对称DDH(SXDH)问题。

挑战者首先设置群G_1、G_2、G_T，双线性对e，以及群G_1的生成元g。模拟者被输入实例(g^a,g^b,T)，模拟者B的目标是区分$T=g^{ab}$或者T是群G_1中的一个随机数。具体模拟过程如下。

(1)**游戏1**。游戏1是IND-KGA安全模型中定义的游戏。在游戏的某个时刻敌手选择挑战关键字，把它记为w^*。在挑战阶段，PEKS密文被产生且发送给敌手，记挑战密文为$C^*=(C_0^*,C_1^*,C_2^*,C_3^*,C_4^*,C_5^*,\sigma^*)$。同样用*标记生成挑战密文的中间值。$X_1$表示事件$A$在游戏1中攻击成功。接下来的目标是给出$\mathrm{Adv}_A^{\text{IND-KGA}}(\lambda)=|\Pr[X_1]-1/2|$的上限。$X_i$为敌手$i$在游戏中成功攻击的事件。

(2)**游戏2**。游戏2和游戏1一样除了以下改变：

令q为敌手所做的查询的次数。为了产生$(h_0,h_1,\cdots,h_n)$，计算m=4q，随机选取$k\in\{0,1,\cdots,n\}$，$x',x_1,\cdots,x_n\in\{0,1,\cdots,q-1\}$，$y',y_1,\cdots,y_n\in\{0,1,\cdots,m-1\}$，$h_0=g^{x'}(g^b)^{p-km+y'}$，对于$i\in\{1,2,\cdots,n\}$，$h_i=g^{x_i}(g^b)^{y_i}$。

①（被迫停止）对于任何关键字$w=(w_1,w_2,\cdots,w_n)\in\{0,1\}^n$。令

$$x(w)-x'+\sum_{i=1}^{n}(x_i\cdot w_i)$$

$$y(w) = p - km + y' + \sum_{i=1}^{n}(y_i \cdot w_i)$$

$$h(w) = x(w) + by(w)$$

F_2 为下面两个条件之一成立的事件。如果 F_2 发生，实验停止，输出为一个随机选择的值。

a．敌手询问关键字 w 的陷门，且 $y(w) = 0 \bmod q$ 。

b．敌手选择挑战关键字，且 $y(w^*) \neq 0 \bmod q$ 。

② （人为停止）view_A 表示敌手的随机输入带和当前游戏 2 中和预言机交互的副本。$\bar{Y} = (y', y_1, \cdots, y_n, k)$ 表示上述随机分布的变量。显然，由于随机数 X_i，固定 view_A 重运行实验得到的变量分布和敌手 A 的视角的变量分布是相同的。定义：

$$\eta(\text{view}_A) = \Pr_{\bar{Y}}[F_2 \mid \text{view}_A]$$

令 $\lambda = 1/4(n+1)q$ ，$0 < \rho(k) \leqslant 1$ 是 k 的函数，将在下面详细说明。在实验的结尾，比较敌手的 b' 和 b 之前，$\bar{Y}$ 采样了 $1/2\lambda^2(\rho(k)/r)^{-2}\ln((\lambda\rho(k))^{-1})$ 次。$\eta(\text{view}_A)$ 的估值 $\eta'(\text{view}_A)$ 被计算。如果 $\eta'(\text{view}_A) > 1/4q(n+1)$ 实验停止，即随机量 b'' 将代替 b'，b' 将和 b 进行比较。

注意到游戏 2 中计算的值 $(h_0, h_1, \cdots, h_n)$ 与游戏 1 中相对应的值有相同的分布。

断言：q 是敌手所做的陷门查询的总次数，则

$$\left|\Pr[X_1] - (1/2 + (\Pr[X_1] - 1/2) \cdot 4q(n+1))\right| \leqslant \rho(k)$$

证明　这里将省略断言的证明，读者可以参考相关文献。

(3) **游戏 3**。游戏 3 和游戏 2 一样除了改变公钥和陷门产生的方法。在游戏 3 中令 $T = g^{ab}$ 。

① 系统建立。λ 是安全参数，$\gamma = (p, G_1, G_2, G_T, e, g, \tilde{g})$ 是双线性对参数。单向哈希函数 $H' : \{0,1\}^* \to Z_p^*$ ，产生 $\tilde{u} = \tilde{g}^{\alpha_1}$ ，$\tilde{v} = \tilde{g}^{\alpha_2}$ 其中 α_1, α_2 是随机选取的且 $\alpha_1, \alpha_2 \in Z_p^*$，强不可伪造一次签名 $\text{Sig} = (G, S, V)$ 。公共参数为 $\text{GP} = (p, g, G_1, G_2, G_T, e, \tilde{u}, \tilde{v}, \text{sig}, H')$

随机选取 $c \in Z_p^*$，计算 $\tilde{Q} = \tilde{g}^c$，设置 $X = g^a$，服务者的公、钥为 $\text{pk}_S = (\text{GP}, X, \tilde{Q})$，私钥为 $\text{sk}_S = (\text{pk}_s, a, c)$（注意到 B 不知道 a 但是知道 c）。

随机选择 $y, z \in Z_P^*$，计算 $Y = \tilde{g}^y$，$\tilde{Z} = \tilde{g}^z$ 。输出接收者的公、私钥对 $(\text{pk}_R, \text{sk}_R)$，其中 $\text{pk}_R = (\text{pk}_S, \tilde{Y}, \tilde{Z}, h_0, h_1, \cdots, h_n)$ ，$\text{sk}_R = (\text{pk}_R, y, z)$ 。发送 $(\text{pk}_R, \text{sk}_R)$ 和 pk_S 给攻击者 A 。

② 查询阶段 1。攻击者 A 做陷门查询如下：

陷门查询< w >：如果 A 对关键字 w 做陷门查询（$y(w) = 0 \bmod q$），B 随机选择 $s_w \in Z_p^*$，计算 $d_w = X^{x(w)(z-s_w)/(y-w)}$，设置陷门为 $T_w = (d_w, s_w)$，发送 T_w 给 A 。

③ 挑战。一旦 A 决定查询阶段 1 结束，输出挑战关键字对 w_0、 w_1。 B 随机地选择 $b\in\{0,1\}$，设置挑战关键字 $w^*=w_b$，随机选择 $s_{w^*}\in Z_p^*$，计算

$$d_{w^*}=(X^{x(w^*)}T^{y(w^*)})^{(z-s_w*)/(y-w^*)}$$

设置陷门 $T_{w^*}=(d_{w^*},s_{w^*})$，发送挑战陷门 T_{w^*} 给 A。

如游戏 2 所述， $y(w^*)\neq 0 \bmod q$ 则 $H(w^*)=g^{x(w^*)+by(w^*)}$，于是有

$$d_{w^*}=X^{x(w^*)(z-s_w)/(y-w^*)}=(X^{x(w^*)}X^{by(w^*)})^{(z-s_w z)/(y-w^*)}$$

④ 查询阶段 2。A 的查询与阶段 1 相同，限制是 w_0、 w_1 不允许做过陷门查询。

⑤ 猜测。攻击者输出猜测 b'。

很容易得到游戏 2 和游戏 3 中公钥和陷门的分布是一致的。因此这两个游戏中攻击成功的概率是相等的：

$$\Pr[X_2]=\Pr[X_3]$$

(4) **游戏 4**。游戏 4 和游戏 3 一样除了值 $T=g^{ab}$ 开始时被 G_1 中一个随机值 T 代替。令游戏 3 中 $T=g^{ab}$。

断言 $|\Pr[X_3]-\Pr[X_4]|\leqslant \mathrm{Adv}_{G_1,B}{}^{\mathrm{SXDH}}(\lambda)$。

证明　给定 g、 g^a、 g^b 和 T。T 是 G_1 中的随机元素或者是 g^{ab}。模拟敌手，当 $T=g^{ab}$ 时，游戏 3 中完美模拟敌手。当 T 是 G_1 中的随机元素时，游戏 4 完美模拟了敌手。因此，如果敌手能够区分游戏 3 游戏 4，我们以同样的概率区分 T 的两个可能的值。

最后，因为 T 是 G_1 中的随机元素，我们有

$$\Pr[X_4]=1/2$$

分析　总结上述几个连续的游戏，给出敌手 A 在 IND-KGA 游戏中优势的概率范围：

$$\mathrm{Adv}_A^{\mathrm{IND-KGA}}(\lambda)=|\Pr[X_1]-1/2|$$

$$\leqslant(\Pr[X_2]-1/2)\cdot 4q(n+1)+\rho(k)$$

$$\leqslant\left(\Pr[X_3]-1/2\right)\cdot 4q(n+1)+\rho(k)$$

$$\leqslant(\Pr[X_4]+\mathrm{Adv}_{G_1,B}^{\mathrm{SXDH}}(\lambda)-1/2)\cdot 4q(n+1)+\rho(k)$$

$$\leqslant \mathrm{Adv}_{G_1,B}^{\mathrm{SXDH}}(\lambda)\cdot 4q(n+1)+\rho(k)$$

现在如果设置 $\rho(k)\equiv \mathrm{Adv}_{G_1,B}^{\mathrm{SXDH}}(\lambda)\cdot q(n+1)$，最后有

$$\mathrm{Adv}_A^{\mathrm{IND-KGA}}(\lambda)\leqslant \mathrm{Adv}_{G_1,B}^{\mathrm{SXDH}}(\lambda)\cdot 5q(n+1)$$

3.4 本章小结

在本章中，首先提出了标准模型下无安全信道的带关键字搜索公钥加密方案。其次回顾了 Rhee 等的无安全信道的带关键字搜索公钥加密方案安全模型，对其进行改进并提出了更强的安全模型，使得新安全模型更符合实际情况。然后给出了在增强模型下不需要随机预言机的有效且可证安全的无安全信道带关键字搜索公钥加密方案。最后针对关键字猜测攻击，给出了无安全信道的带关键字搜索公钥加密方案抗关键字猜测的形式化安全模型，并构造了有效的抗关键字猜测攻击的无安全信道的带关键字搜索公钥加密方案。解决了 Byun 等在 SDM 2006 提出的关于构造抗关键字猜测攻击的带关键字搜索公钥加密方案的公开问题。

第 4 章 可解密的带关键字搜索公钥加密方案

前面讨论的带关键字搜索公钥加密方案没有提供让用户解密加密的关键字或者消息的功能。这种“非解密”的性质限制了带关键字搜索公钥加密的应用。本章将提出可解密的带关键字搜索公钥加密方案(PEKSD)，它允许解密出带关键字搜索公钥加密关键字。然后扩展方案获得完美的一致性 PEKSD 方案以及解密密钥和陷门产生密钥独立的 PEKSD 方案。最后修改这一新方案使其达到完美一致性的 PKE/PEKS 方案，它允许解密出带关键字搜索公钥加密的关键字和消息。

4.1 引 言

Boneh 等提出的带关键字搜索公钥加密方案，能够让用户搜索加密了的关键字并且不泄露原始数据的秘密信息。上述方案的基本安全性要求能够保证没有获得给定关键字陷门的服务者不能够区分 PEKS 密文是由哪个关键字加密得到的。然而就像Baek等强调的，这种安全性要求仅仅关注了密文中PEKS部分的安全性，没有关注 PKE 密文和 PEKS 密文相结合的安全性。

事实上，PEKS+PKE 安全性不等同于 PEKSD 方案的 CCA 安全，即 CCA 安全的 PKE 与安全的 PEKS 方案结合一般不是 CCA 安全的。密文的结合往往会引出对 IND-CCA 安全的加密方案的可延展攻击(Malleability-style Attacks)。例如，当接收到 PKE/PEKS 挑战密文 $C_{\mathrm{PKE}}C_{\mathrm{PEKS}}$ 后，攻击者能够产生另外一个合法的密文 $C_{\mathrm{PKE}}C'_{\mathrm{PEKS}}$，其中 $C'_{\mathrm{PEKS}}=\mathrm{PEKS}(\mathrm{pk}_A,w')$ 是用不同的关键字 w' 加密得到的合法的 PEKS 密文。对 $C_{\mathrm{PKE}}C'_{\mathrm{PEKS}}$ 做解密查询，攻击者得到了明文 m。

如上面讨论的，PEKS 不能被当作一个独立的方案使用，PEKS 和 PKE 相结合的方案的定义和分析是很重要的。目前有很多文章讨论 PEKS 和 PKE 相结合方案的安全问题，主要分为两种 PEKS 和 PKE 相结合方案的类型。

(1) PKE/PEKS。PKE/PEKS 直接结合消息 m 的 PKE 密文 $\mathrm{PKE}(\mathrm{pk}_A,m)$ 和 PEKS 密文 $\mathrm{PEKS}(\mathrm{pk}_A,w)$。Baek 等提出了首个有效的 PKE/PEKS 方案，并提供了随机预言机模型下 PKE/PEKS 方案抗适应性选择关键字攻击和选择密文攻击的安全模型。然而，就像 Zhang 和 Imai 提出的，先前的安全模型没有完全考虑到关键字的隐私性，这意味着攻击者可以从给定的密文中获得关键字。基于安全的 PEKS 方案和带标签的 KEM/DEM 方案，Zhang 和 Imai 也给出了标准模型下数据隐私和关键字隐私的一般性构造。这种解决方法的缺陷是它提供了 PKE 密文解密功能，但是不能让 PEKS 解密出关键字，并且它不能保证消息和关键字之间的任何关系，即一致性。

(2) 可解密的密文搜索。可解密的密文搜索也称可解密的带关键字搜索公钥加密方案(PEKSD)。它结合了用关键字 w 加密的 PKE 密文 $\mathrm{PKE}(\mathrm{pk}_A,w)$ 和关键字加密的 PEKS 密文 $\mathrm{PEKS}(\mathrm{pk}_A,w)$。这样 Alice 可以从结合的密文中解密出关键字 w。Fuhr 和 Paillier 利用 KEM 方案、IDKEM 方案和一些哈希函数提出了随机预言机模型下的 PEKSD 构造。此方案的一个附加特性是解密密钥和陷门生成密钥是完全独立的，符合了很多应用背景。他们的证明取决于随机预言机，并且不容易转化为标准模型的方案，因此留了一个公开问题：构造一个不依赖于随机预言机的 PEKSD 方案。最近，Hofheinz 和 Weinreb 给出了构造标准模型下 PEKSD 方案的方法，首先展示了怎样将一个匿名的 IBE 方案转化为 Well-addressedness 的 IBE，在这种情况下，每个密文将和一个身份相关联，并且如果用另一个身份的密钥来解密时将会被拒绝。然后他们展示了怎么从一个 Well-addressedness 的 IBE 方案和 IND-CCA 安全的 PKE 方案构造一个安全的 PEKSD 方案。他们的 PEKSD 方案拥有完美的一致性(陷门持有者所做的测试总是和解密算法的输出保持一致)。

本书致力于构造一个可解密的带关键字搜索公钥加密方案，它不仅允许服务者对特定的关键字进行测试，还允许解密出消息和关键字。表 4.1 给出与其他方案的比较，两类可解密的带关键字搜索公钥加密方案归类为 PEKSD 方案和 PKE/PEKS 方案。

表 4.1　可解密的 PEKS 方案的比较

类别	测试	解密关键字	解密消息
PEKS	yes	no	no
PEKSD	yes	yes	no
PKE/PEKS	yes	no	yes
Our DPEKS	yes	yes	yes

通过测试得到如下结论。

(1) PEKS 不支持密文的解密。即它允许对特定的关键字进行测试，但是不能够解密出关键字或者消息，即使知道完整的私钥。一方面，就像 Hofheinz 和 Weinreb

提到的，PEKS 不允许用户对加密了的关键字解密，因此用户不能根据关键字来保存邮件，或者仅仅是想知道附加在消息中的关键字。例如，考虑这种情况，现在有一些用关键字“文章”“通知”“小孩”来加密的邮件需要 Alice 及时地阅读，因此通过测试后，服务者把这些邮件发送到他的手机上。收到这些邮件后，Alice 希望通过关键字来重新存储或者排序它们是不可能的，因为无法解密出关键字。另外，PEKS 方案甚至不允许用户去解密加密了的消息。这种“非解密”性质也影响了 PEKS 的应用。因此我们强调问题的重点是构造一个可以对 PEKS 密文解密的 PEKS 方案(DPEKS)。我们不允许服务者测试某个特定的关键字，但允许解密出消息和关键字。

(2)先前文章中的 DPEKS 方案的安全模型仅仅提供对关键字陷门查询和解密查询，限制是攻击 A 不允许对关键字 w_0、w_1 进行陷门查询，也不允许对挑战密文 C^* 进行解密查询。他们的模型不提供对 $<C,w>$，其中 $<C,w>\neq<C^*,w^*>$ 的解密查询。事实上，在现实的环境中，恶意的攻击者可以通过和服务者交互得到某个特定的关键字密文和关键字之间的关系。因此很自然的问题是在之前的模型中应该允许这种查询。

4.2　可解密的带关键字搜索公钥加密方案定义

定义 4.1　可解密的带关键字搜索公钥加密(PEKSD)。

PEKSD 方案和 PEKS 方案相似，不同的是在 PEKSD 方案中私钥拥有者能解密密文，PEKSD 方案包含下面几个算法。

KeyGen(λ)：输入安全参数 λ，输出接收者 R 的公、私钥对 (pk,sk)。

Trapdoor(sk,w)：输入接收者的私钥 sk 和关键字 w，输出陷门 T_w。

PEKS(pk,w)：输入接收者公钥 pk，关键字 w。输出一个用关键字 w 加密的 PEKS 密文 C。

PEKSD(sk,C)：输入接收者的私钥 sk，PEKS 密文 C，输出解密的结果关键字 w。

Test(T_w,C)：输入陷门 T_w，PEKS 密文 $C=\text{PEKS}(\text{pk},w')$。如果 $w\neq w'$，输出“正确，否则输出“不正确”。

接下来给出方案一致性定义。

定义 4.2　一致性。

假设存在一个敌手 A，想破坏方案的　致性，考虑如下游戏。

试验 $\text{Exp}_A^{\text{cons}}(\lambda)$：

$$(\mathrm{pk},\mathrm{sk}) \leftarrow \mathrm{KeyGen}(\lambda)$$

$$(w,w') \leftarrow A(\mathrm{pk})$$

$$C \leftarrow \mathrm{PEKS}(\mathrm{pk},w),\quad T_{w'} \leftarrow \mathrm{Trapdoor}(\mathrm{sk},w')$$

如果 $w \neq w'$ 并且 $\mathrm{Test}(C,T_w)=\mathrm{Correct}$，输出 1，否则输出 0。

定义 A 的优势如下：

$$\mathrm{Adv}_A^{\mathrm{cons}}(\lambda)=\Pr[\mathrm{Exp}_A^{\mathrm{cons}}(\lambda)=1]$$

如果对于所有的 PPT 敌手 A 赢得上述游戏的概率都是可忽略的，则方案是计算一致性的。

测试和解密一致性通常还需要密文符合测试和解密（PEKSD）一致性。其要求是 $\mathrm{KeyGen}(\lambda)$ 产生的所有接收者的公、私钥对 $(\mathrm{pk},\mathrm{sk})$，密文 $C=\mathrm{PEKS}(\mathrm{pk},w)$，关键字 w 的陷门 $T_w=\mathrm{Trapdoor}(\mathrm{sk},w)$，测试和解密的部分一致性意味着：

$$\mathrm{Test}(T_w,C)\text{=Correct 如果 }\mathrm{PEKSD}(\mathrm{sk},C)=w$$

同样测试和解密的完美一致性意味着：

$$\mathrm{Test}(T_w,C)\text{=Correct 当且仅当 }\mathrm{PEKSD}(\mathrm{sk},C)=w$$

接下来将给出基于游戏的 PEKSD 方案的安全性定义，称为 PEKSD 方案的抗选择关键字攻击和选择密文攻击的不可区分性（IND-CKCA）。

定义 4.3　IND-CKCA 游戏。

λ 是安全参数，A 是攻击者，考虑下面的游戏。

（1）系统建立。密钥产生算法 $\mathrm{KeyGen}(\lambda)$ 被执行，接收者的公、私钥对 $(\mathrm{pk},\mathrm{sk})$，模拟者 B 发送 pk 给攻击者 A。

（2）查询阶段 1。攻击者 A 做一系列查询：

① 陷门查询 $<w>$。A 适应地查询关于关键字 w 的陷门，$w\in \mathrm{KS}_w$，所对应的陷门 T_w，B 输出给 A 陷门 $T_w=\mathrm{Trapdoor}(\mathrm{sk},w)$。

② 解密查询 $<C>$。A 对他适应选择的密文 C 进行解密查询，B 输出给 A 关键字 $w=\mathrm{PEKSD}(\mathrm{sk},C)$。

③ 测试查询 $<C,w>$。A 适应地询问 B 关于关键字 w 和 PEKS 密文 C 间的关系。B 输出给 A 测试 $\mathrm{Test}(T_w,C)$ 的结果。

（3）挑战。一旦 A 决定查询阶段 1 结束，他输出挑战关键字对 (w_0,w_1)（注意：w_0、w_1 不能是查询阶段 1 中 A 所做的任何陷门查询的关键字）。接收到挑战关键字对，B 随机地选择 $b\in\{0,1\}$，并且产生挑战密文 $C^*=\mathrm{PEKS}(\mathrm{pk},w_b)$，发送给 A。

(4) 查询阶段 2。A 的查询与阶段 1 相同，但是有如下限制：

① A 不允许对 w_0、w_1 做陷门查询。

② A 不允许对挑战密文 C^* 做解密查询。

③ A 不允许对 $<w_0,C^*>$ 或者 $<w_1,C^*>$ 做测试查询。

(5) 猜测。攻击者输出他的猜测 b'，如果 $b=b'$，则攻击者获得胜利。

定义游戏 1 中攻击者 A 的优势：$\mathrm{Adv}_A^{\mathrm{IDD-CKCA}}(\lambda)=\left|\Pr[b=b']-\frac{1}{2}\right|$。

如果 $\mathrm{Adv}_A^{\mathrm{IDD-CKCA}}(\lambda)$ 是可忽略的，则 PEKSD 方案被称为 IND-CKCA 安全的。

在上述 IND-CKCA 游戏中，攻击者 A 被允许对 $<C,w>$ 做测试查询，其中 $<C,w>\neq<C^*,w_0>$，并且 $<C,w>\neq<C^*,w_1>$。

PEKSD 方案仅仅允许解密出关键字，为了解密消息，很容易扩展定义可解密的带关键字搜索公钥加密方案(DPEKS)。DPEKS 和 PEKSD 方案相似，除了 $\mathrm{PEKS}(\mathrm{pk},w)$ 和 $\mathrm{PEKSD}(\mathrm{sk},C)$ 算法。

$\mathrm{PEKS}(\mathrm{pk},w,m)$：输入接收者的公钥 pk，关键字 w 和消息 m，输出用关键字 w 加密的 PEKS 密文 C。

$\mathrm{DPEKS}(\mathrm{sk},C)$：输入接收者的私钥 sk 和 PEKS 密文 C，输出关键字 w 和消息 m。

4.3 解密出关键字：PEKSD 方案

4.3.1 PEKSD 方案的构造

接下来给出本书的可解密的带关键字搜索公钥加密方案。

(1) $\mathrm{KeyGen}(\lambda)$。λ 是安全参数，(p,g,G_1,G_2,e) 是双线性对的参数。令 $X=g^x$，$\{Y_k=g^{y_k}\}_{k\in\{0,1,2\}}$，其中 $\{Y_k\}_{k\in\{0,1,2\}}$ 和 x 是 Z_p^* 中的随机数。$H:\{0,1\}^*\to Z_p^*,F:\{0,1\}^*\to Z_p^*$ 是两个抗碰撞哈希函数。关键字域为 $\mathrm{KS}_w=G_2$。公、私钥分别为

$$\mathrm{pk}=(p,g,G_1,G_2,e,X,\{Y_k\}_{k\in\{0,12\}},H,\mathrm{KS}_w),\quad \mathrm{sk}=(\mathrm{pk},\{y_k\}_{k\in(0,1,2\}},x)$$

(2) Trapdoor(sk,w)。输入接收者的私钥 sk 和关键字 $w\in Z_p^*$。随机选择 $\{s_{w,k}\}_{k\in\{0,1,2\}}\in Z_p^*$，计算：

$$d_{w,k}=(Y_k g^{-s_{w,k}})^{1/(x-F(w))}$$

其中，$k\in\{1,2\}$，输出陷门 $T_w=\{d_{w,k},s_{w,k}\}_{k\in\{1,2\}}$。

(3) $\mathrm{PEKS}(\mathrm{pk},w)$。随机选择 $r\in Z_p$，计算：

$$C_1=(Xg^{-F(w)})^r，\ C_2=e(g,g)^r，\ C_3=w\cdot e(g,Y_0)^r，$$

$$t=H(C_1,C_2,C_3)，\ C_4=e(g,Y_1)^{tr}\cdot e(g,Y_2)^r$$

输出密文 $C=(C_1,C_2,C_3,C_4)$。

(4) PEKSD(sk, C)。输入接收者的私钥 $\mathrm{sk}=(\mathrm{pk},\{y_k\}_{k=\{0,1,2\}},x)$，PEKS 密文 $C=(C_1,C_2,C_3,C_4)$，计算：

$$w=C_3/C_2^{y_0}，\ t=H(C_1,C_2,C_3)$$

验证等式 $C_4=e(C_1,d_{w,1}^t d_{w,1})\cdot C_2^{s_{w,t+s_{w,2}}}$，如果等式成立，输出 w。

(5) Test(T_w, C)。输入陷门 $T_w=\{d_{w,k},S_{w,k}\}_{k\in\{1,2\}}$，PEKS 密文 $C=(C_1,C_2,C_3,C_4)$，计算 $t=H(C_1,C_2,C_3)$。

验证等式 $C_4=e(C_1,d_{w,1}^t d_{w,1})\cdot C_2^{s_{w,t+s_{w,2}}}$，如果等式成立，输出“正确”，否则输出“不正确”。

正确性：正确产生的密文将被拥有正确陷门的服务者测试通过，并且能被拥有正确私钥的接收者解密。令 $C=(C_1,C_2,C_3,C_4)$ 是由关键字 w 用 pk 产生的，$T_w=\{d_{w,k},S_{w,k}\}_{k\in\{1,2\}}$，有下式成立

$$\begin{aligned}e(C_1,d_{w,1}^t d_{w,1})\cdot C_2^{s_{w,1}t+s_{w,2}}&=e\left(g^{(x-F(w))r},g^{(y_1-s_{w,1})t/(x-F(w))}g^{(y_2-s_{w,2})t/(x-F(w))}\right)e(g,g)^{r(s_{w,t}t+s_{w,2})}\\&=e\left(g,g^{(y_1-s_{w,1})t+(y_2-s_{w,2})r}\right)e(g,g)^{r(s_{w,t}t+s_{w,2})}=e(g,g)^{y_1rt}e(g,g)^{y_2r}=C_4\end{aligned}$$

$$C_3/C_2^{y_0}=w\cdot e(g,g)^{y_0r}/e(g,g)^{y_0r}=w$$

定理 4.1　上述的方案是满足计算一致性的。

证明　假设存在一个多项式时间攻击者 A 能够破坏本书方案的一致性。(w,w') 表示在一致性试验中攻击者 A 输出的关键字对。不失一般性，假设 $w\neq w'$。

令 $r\in Z_p^*$ 表示产生密文 PEKS(pk, w) 时随机选择的值。$C_1=(Xg^{-F(w)})^r$，$C_2=e(g,g)^r$，$C_3=w\cdot e(g,Y_0)^r$，$t=H(C_1,C_2,C_3)$，$C_4=e(g,Y_1)^{tr}\cdot e(g,Y_2)^r$。

令 $T_{w'}=\{d_{w',k},S_{w',k}\}_{k\in\{1,2\}}$，其中 $d_{w',k}=(Y_k g^{-s_{w,k}})^{1/(x-F(w'))}=g^{(y_k-s_w)/(x-F(w'))}$，是由关键字 w' 所产生的陷门。

注意到当 $w\neq w'$ 时，A 获胜，则 $e(C_1,d_{w,1}^t d_{w,1})\cdot C_2^{s_{w,1}t+s_{w,2}}=C_4$。

$$\begin{aligned}&e(C_1,d_{w,1}^t d_{w,1})\cdot C_2^{s_{w,1}t+s_{w,2}}=C_4\\ \Leftrightarrow\ &e\left(g^{(x-F(w))r},g^{(y_1-s_{w,1})t/(x-F(w'))}g^{(y_2-s_{w,2})t/(x-F(w'))}\right)e(g,g)^{r(s_{w,1}t+s_{w/2})}=C_4\\ \Leftrightarrow\ &e(g,g)^{\left[(x-F(w))((y_1-s_{w',1})t+(y_2-s_{w',2}))r\right]/(x-F(w'))})e(g,g)^{r(s_{w,1}t+s_{w,2})}=e(g,g)^{y_1tr+y_2r}\\ \Leftrightarrow\ &((F(w')-F(w))/(x-F(w')))[(y_1-s_{w',1})t+(y_2-s_{w',2})]=0\end{aligned}$$

因为 x 、 y_1 、 y_2 是 Z_p^* 中接收者的私钥，因此， $\Pr[w'=x]=1/(p-1)$ ，并且 $\Pr[(y_1-s_{w,1})t+(y_2-s_{w',2})=0]=1/(p-1)$ ，其中 $p-1$ 是 Z_p^* 元素的个数。如上所述， $w\neq w'$ 时， $\text{Test}(\text{CP},\text{sk}_S,C,T_\omega)=$ “正确”。

$$\text{Adv}_A^{\text{cons}}(\lambda)=\Pr[\text{Exp}_A^{\text{cons}}(\lambda)=1]=\Pr\Big[(F(w')=x)\vee((y_1-s_{w',1})t+(y_2-s_{w',2}))=0\Big]\leqslant 2/(p-1)$$

测试和解密的部分一致性：对于 $\text{KeyGen}(\lambda)$ 产生的接收者 R 的公、私钥对 (pk,sk) ，任意用 w 加密的可能密文 C，任意的陷门 $T_w=\text{Trapdoor}(\text{sk},w)$ 。假设 $\text{PEKSD}(\text{sk},C)=w$ ，令 $t=H(C_1,C_2,C_3)$ ，我们有 $C_4=e(C_1,d_{w,1}^t d_{w,1})\cdot C_2^{s_{w,t}t+s_{w,2}}$ 等价于 $\text{Test}\big(T_w,C\big)=\text{Correct}$ 。

方案的安全性证明：接下来将分析标准模型下本书方案的 IND-CKCA 安全性。

定理 4.2　设 $q\geqslant q_k+1$ ，其中 q_k 是陷门查询的总次数。假设 DBDH 问题和 q-ABDHE 问题是难解的，上述方案是标准模型下 IND- CKCA 安全的。

证明　假设存在一个多项式时间攻击者 A 能够在标准模型下攻击本书的方案。设 q_k 是陷门查询的总次数， q_c 是解密和测试查询的次数(PEKSD)，建立一个模拟者 B 能够解决 q-ABDHE 问题，模拟如下。

挑战者首先设置群 G_1 、 G_2 ，有效的双线性对 e ，以及群 G_1 的生成元 g 。模拟者输入一个 q-ABDHE 问题实例 $(g,g^x,g^{x^2},\cdots,g^{x^q},g^z,g^{zx^{q+2}},T)$ ，模拟者 B 的目标是区分 $T=e(g,g)^{z^{q+2}}$ 或者 T 是群 G_2 中的一个随机数。

(1) 系统建立。 λ 是安全参数， (p,g,G_1,G_2,e) 是双线性对的参数， B 随机选择两个 q 阶多项式 $f_k(X)$ ， $k\in\{1,2\}$ 。定义 $f_k(X)\{Y_k=g^{f_k(x)}\}_{k\in\{1,2\}}$ ，计算 $X=g^x$ 。随机选择 $y_0\in Z_p^*$ ，计算 $Y_0=g^{y_0}$ 。令 $H:\{0,1\}^*\to Z_p^*,F:\{0,1\}^*\to Z_p^*$ 是两个抗碰撞哈希函数。关键字域 $\text{KS}_w=G_2$ ，公钥为 $\text{pk}=(p,g,G_1,G_2,e,X,\{Y_k\}_{k\in(0,1,2)},H,\text{KS}_w)$ ，这隐含着 $\text{sk}=(\text{pk},\{y_k\}_{k=\{1,2,3\}},x)$ (注意： B 不知道 (x,y_1,y_2))，发送公钥 pk 给 A。

(2) 查询阶段 1。攻击者 A 做如下查询。

①陷门查询 $<w>$。 A 询问 B 关于关键字 w 的陷门， B 设置：

$$\{S_{w,k}=f_k(F(w))\}_{k\in\{1,2\}}$$

计算 $d_{w,k}=g^{(f_k(x)-f_k(F(w)))/(x-F(w))}$ ，输出 $T_w=\{d_{w,k},S_{w,k}\}_{k\in 1,2\}}$ 给 A 。当 $q\geqslant q_k+1$ 时， $\{s_{w,k}=f_k(F(w))\},k\in\{1,2\}$ 对于 A 来说是一个随机数，因为 $f_k(X)$ ， $k\in\{1,2\}$ 是一个随机的 q 阶多项式。

② 测试查询 $<C>$。输入密文 $C=(C_1,C_2,C_3,C_4)$ ， B 计算

$$w=C_3/C_2^{y_0},t=H(C_1,C_2,C_3)$$

B 做陷门询问 $T_w=\{d_{w,k},S_{w,k}\}_{k\in\{1,2\}}$ ，验证等式 $C_4=e(C_1,d_{w,1}^t d_{w,1})\cdot C_2^{s_{w,t}t+s_{w,2}}$ ，如果等式成立，输出 w 。

③ 测试查询 $<C,w>$。输入密文 $C=(C_1,C_2,C_3,C_4)$ 和关键字 w。B 计算：

$$t=H(C_1,C_2,C_3)$$

B 做陷门询问 $T_w=\{d_{w,k},S_{w,k}\}_{k\in\{1,2\}}$，验证等式 $C_4=e(C_1,d_{w,1}^t d_{w,1})\cdot C_2^{s_{w,1}t+s_{w,2}}$，如果等式成立，输出“正确”，否则输出“不正确”。

(3) 挑战。A 输出挑战关键字对 $\{w_0,w_1\}\in G_2$，如果挑战公钥符合安全模型定义中的限制，则 B 随机地选择 $b\in\{0,1\}$，$s_0^*\in Z_p^*$ 设置 $w^*=w_b$，设置：

$$\{s_k^*=f_k(F(w_b))\}_{k\in\{1,2\}}$$

然后 B 计算 $d_k^*=g^{(f_k(x)-f_k(F(w_j)))/(x-F(w_b))}$，定义 $q+1$ 多项式：

$$F^*(X)=(X^{q+2}-(F(w_b))^{q+2})\Big/(X-F(w_b))=\sum_{i=0}^{q+1}(F_i^*X^i)$$

接着计算：

$$C_1^*=g^{\mathrm{zx}^{q+2}}(g^z)^{-F(w_b)^{q+2}}$$

$$C_2^*=T^{F_{q+1}^*}e\left(g^z,\prod_{i=0}^{q}(g^{x^i})^{F_i}\right)$$

$$C_3^*=w_b\cdot e(C_1^*,d_0^*)(C_2^*)^{s_0^*}$$

$$t^*=H(C_1^*,C_2^*,C_3^*)$$

$$C_4^*=e(C_1^*,(d_1^*)^t d_2^*)\cdot(C_2^*)^{s_1^{*t}+s_2^*}$$

输出挑战密文 $C^*=(C_1^*,C_2^*,C_3^*,C_4^*)$。

设 $r^*=zF^*(x)$，如果 $T=e(g,g)^{zx^{q+1}}$，那么 $C_1^*=g^{(x-F(w_b))r^*}$，$C_2^*=e(g,g)^{r^*}$，$C_3=w_b\cdot e(g,Y_0)^{r^*}$，$C_4=e(g,Y_1)^{t^*r^*}\cdot e(g,Y_2)^{r^*}$。

(4) 查询阶段 2。A 的查询与阶段 1 相同。

(5) 猜测。攻击者输出他的猜测 b'，如果 $b=b'$，输出 1，指 $T=e(g,g)^{zx^{q+1}}$。否则输出 0，指 $T=e(g,g)^r$。

概率分析：如果 $T=e(g,g)^{zx^{q+1}}$，模拟是完美的。A 正确猜出 b 的概率为 $1/2+\varepsilon$。否则 T 是一个随机数，(C_1^*,C_2^*) 是随机且相互独立的。在这种情况下不等式 $C_2^*\neq e((C_1^*,g)^{1/(x-F(w_b))}$ 成立的概率为 $1-1/p$。当不等式成立时，$K^*=e(C_1^*,d_0^*)(C_2^*)^{s_0^*}=e(C_1^*,(Y_0)^{1/(x-F(w_b))})((C_2^*)/(e(C_1^*,g)^{1/(x^*-F(w_b))}))^{s_0^*}$ 是随机的，并且从 A 的视角看是相互独立的（C_3^* 除外）。当 $q\geqslant q+1$ 时，从 A 的视角来看 s_0^*，甚至 $\{s_k^*=f_k(F(w_b))\}_{k\in\{1,2\}}$ 都是随机的，因此从 A 的视角看 (C_1^*,C_2^*) 是随机且相互独立的（C_3^* 除外）。

因此 C_3^* 随机的，且是独立的。(C_1^*,C_2^*,C_3^*) 没有泄露 b 的任何信息。

引理 1　当 B 输入是根据 $P_{q\text{-ABDHE}}$（即 $T=e(g,g)^{zx^{q+1}}$）采样的，A 的视角中的模拟情况下的 b 和实际情况下的 b 是不可区分的，除了可忽略的概率 $\frac{2q_C}{p}$。

引理 2　当 B 输入是根据 $R_{q\text{-ABDHE}}$（即 T 是随机数）采样的，A 的视角中的模拟情况下的 b 是对立且随机的，除了可忽略的概率 $\frac{2q_C}{p}$。

证明这些引理的方法和 Gentry 的 IBE 方案的安全性证明十分相似。主要思想是线性独立性，即攻击者的知识为模拟者的隐私变量的等式。如果攻击者需要求解的挑战等式和他知道的等式相互独立，则攻击者不可能以不可忽略的概率解决挑战等式。

引理 1 证明　令 $C=(C_1,C_2,C_3,C_4)$ 是解密查询的密文，令 $w=C_3/C_2^{y_0}$，关键字 w 的陷门为 $d_{w,k}=(Y_k g^{-s_{w,k}})^{1/(x-F(w))}$。对于二元组 (C_1,C_2)，考虑 $r_1=\log_{(Xg^{-F(w)})}C_1$，$r_2=\log_{(e(g,g))}C_2$。如果 $r_1=r_2$，则称 (C_1,C_2) 是一致的，否则称不一致的。若 B 输入是根据 $R_{q\text{-ABDHE}}$ 采样的，如果 A 仅仅做陷门查询，则 B 的模拟对 A 来说是完美的。如果 A 仅仅对做了陷门查询的密文做解密查询，因为 B 没有给 A 任何额外的信息，所以 B 的模拟仍然是完美的。进一步，对于一致性的密文 $C_4=e(C_1,d_{w,1}^t d_{w,1})\cdot C_2^{s_{w,t+s_{w,2}}}$ 做解密查询或者测试查询没有帮助 A 区分真实和模拟的环境，由于解密和测试算法的正确性，一致性密文在这两种情况下都会被接受。最后对于密文 $C_4\neq e(C_1,d_{w,1}^t d_{w,1})\cdot C_2^{s_{w,t+s_{w,2}}}$ 做查询也没有帮助 A 来区分这两种情况，因为对于合法的陷门，解密和测试算法都将不通过。因此根据下面的断言，引理成立。

断言：除了 $\frac{2q_C}{p}$ 的概率，解密和测试查询在模拟和现实中都将拒绝不一致的密文。

令 $C=(C_1,C_2,C_3,C_4)$ 为 A 没有查询的用关键字 w 加密的不一致密文。$d_{w,k}=(Y_k g^{-s_{w,k}})^{1/(x-F(w))}$ 是关键字 w 的陷门 $r_1=\log_{(X\sigma^{-F(w)})}C_1$，$r_2=\log_{(e(g,g))}C_2$，$r_4=\log_{(e(g,g))}C_4$。如果 $C=(C_1,C_2,C_3,C_4)$ 被接受，有 $C_4=e(C_1,d_{w,1}^t d_{w,1})\cdot C_2^{s_{w,1}t+s_{w,2}}$，即

$$
\begin{aligned}
C_4 &= e(C_1,d_{w,1}^t d_{w,1})\cdot C_2^{s_{w,t}t+s_{w,2}} \\
&= e(g,g)^{r_1(y_1t+y_2)+(r_2-r_1)(s_{w,1}t+s_{w,2})}
\end{aligned}
$$

令 $r_4=r_1(y_1t+y_2)+(r_2-r_1)(s_{w,1}t+S_{w,2})$，其中 $t=H(C_1,C_2,C_3)$。注意到因为密文是不一致的，故 $r_1\neq r_2$。在现实和模拟情况中，对于不同的公钥，$\{S_{w,k}\}_{k\in\{0,1,2\}}$ 是独立选取的。从 Gentry 的安全性证明可知，对于 w 相应的密文 $C=(C_1,C_2,C_3,C_4)$ 将以 $1-1/(p-1)$ 概率拒绝，则这是 A 查询的首个不一致密文。在模拟情况下每次对不一致密文的解密和测试查询拒绝时，r_4 的解决域被“揭露”，结果 A 的第个不一

致密文最多以 $1-1/(p-i+1)$ 被接受。q_C 个不一致密文都将最小以 $\frac{2q_C}{p}$ 概率被拒绝。这个范围在现实情况下也成立。至此完成引理 1 的证明。

引理 2 证明　引理 2 的证明由下面两个断言得到。

断言 1：如果解密和测试查询拒绝了所有的不一致密文，则 A 最多以 $\frac{q_C}{p}$ 优势的概率猜出 b。

断言 2：除了 $\frac{q_C}{p}$ 的概率外，解密和测试查询将拒绝所有不一致的密文。

令对于所有的挑战关键字 $w^*=w_b$，$r_1^*=\log_{(X\sigma^{-F}(w^*))}$，$C_1^*$（即 $(X-F(w^*))r_1^*=\log_g C_1^*$），$r_2^*=\log_{(e(g,g))}C_2^*$，$r_4^*=\log_{(e(g,g))}C_4^*$。因为 $C^*=(C_1^*,C_2^*,C_3^*,C_4^*)$ 是按 $R_{q\text{-ABDHE}}$ 采样的。在这种情况下从 A 的视角看 (r_1^*,r_2^*) 是 $Z_p\times Z_p$ 中的随机元素。从挑战等式 A 获得如下等式：

$$\log_{(e(g,g))}C_3^*/w_b=r_1^*y_0+(r_2^*-r_1^*)s_0^*$$

$$r_4^*=r_1^*(y_1t^*+y_2)+(r_2^*-r_1^*)(s_1^*t^*+s_2^*)$$

其中，$t^*=H(C_1^*,C_2^*,C_3^*)$。如果没有不一致的密文被接受，B 对解密查询的回答没有泄露 s_0^* 的任何信息。因此 C_3^*/w_b 的分布对 A 来说是随机的。同 Gentry 方案的证明一样，C_3^*/w_b 被用来当作完美的一次一密加密密文，因此 b 从 A 的视角看是独立的。密文中唯一泄露信息 b 的部分是 C_4^*。因为

$$\begin{aligned}r_4^*&=r_1^*(y_1t^*+y_2)+(r_2^*-r_1^*)(s_1^*t^*+s_2^*)\\&=(\log_g C_1^*/(x-F(w^*)))^*(y_1t^*+y_2)+(r_2^*-\log_g C_1^*/(x-F(w^*)))(s_1^*t^*+s_2^*)\end{aligned}$$

(S_1^*,S_2^*) 是随机独立选取的，所以从 A 的视角看，(C_1^*,C_2^*,C_3^*) 是均匀随机独立的。除了优势 $\frac{q_C}{p}$，攻击者不能从 C_4^* 中得到 b 的信息。

对于断言 2，假设对于没有查询的关键字 w，A 提交不一致密文 $C=(C_1,C_2,C_3,C_4)$，其中 $(w,C)\neq(w^*,C^*)$。$t^*=H(C_1^*,C_2^*,C_3^*)$，分为以下三种情况考虑。

(1) $(C_1,C_2,C_3)=(C_1^*,C_2^*,C_3^*)$ 。在这种情况下，哈希函数值也相等。如果 $w=w^*$，但是 $C\neq C^*$，密文将被拒绝。如果 $w\neq w^*$，A 产生的 C_4 必须满足等式 $r_4=r_1(y_1t^*+y_2)+(r_2^*-r_1)(s_1t^*+s_2)$。然而，易知 $l=s_1t^*+s_2$ 和 Z_p 中 $l^*=s_1^*t^*+s_2^*$ 是线性独立的。因此，当 (w,C) 是第 i 个不一致密文时，A 以不超过 $1-1/(p-i+1)$ 的概率计算出这样的 r_4。

(2) $(C_1,C_2,C_3)\neq(C_1^*,C_2^*,C_3^*)$ 且 $t=t^*$。这种情况违反了抗碰撞哈希函数 H 的定义。

(3) $(C_1,C_2,C_3)\neq(C_1^*,C_2^*,C_3^*)$ 且 $t\neq t^*$。这种情况下对于某个关键字 w，A 必须产生 $r_4=r_1(y_1t+y_2)+(r_2-r_1)(s_1t+s_2)$。事实上，当 $w\neq w^*$ 时，A 仅仅能以可忽略的概率产生 r_4，因为 $r_4=r_1(y_1t+y_2)+(r_2-r_1)(s_1t+s_2)$ 从 A 的视角看是独立随机的。如果 $w=w^*$，A 必须产生 $r_4=r_1(y_1t+y_2)+(r_2-r_1)(s_1^*t+s_2^*)$。然而，易知 $l=s_1^*t+s_2^*$ 和 $l^*=s_1^*t^*+s_2^*$ 是线性独立的。当 (w,C) 是第 i 个不一致密文时，A 以不超过 $1-1/(p-i+1)$ 的概率产生这样的 r_4。至此完成引理 2 的证明。

4.3.2　独立密钥的 PEKSD 方案

PEKSD 方案的另外一个重要特征是解密密钥和陷门产生密钥是完全相互独立的，因此更实用。本书的独立密钥和陷门产生密钥的 PEKSD 方案如下。

(1) KeyGen(λ)。λ 是安全参数，(p,g,G_1,G_2,e) 是双线性对的参数。令 $X=g^x$，$\{Y_k=g^{y_k}\}_{k\in\{0,1,2\}}$，其中 $\{y_k\}_{k\in\{0,1,2\}}$ 和 x 是 Z_p^* 中的随机数。设置陷门产生密钥为 $\mathrm{tk}=x$，解密密钥为 $\mathrm{dk}=\{y_i\}_{k\in\{0,1,2\}}$。$H:\{0,1\}^*\to Z_p^*$，$F:\{0,1\}^*\to Z_p^*$ 是两个抗碰撞哈希函数。关键字域为 $\mathrm{KS}_w=G_2$。公、私钥分别为

$$\mathrm{pk}=(p,g,h,G_1,G_2,e,X,\{Y_k\}_{k=(0,1,2)},H,\mathrm{KS}_w),\quad \mathrm{sk}=(\mathrm{pk},\mathrm{dk},\mathrm{tk})$$

(2) Trapdoor(tk, w)。输入陷门产生密钥 $\mathrm{tk}=x$，关键字 $w\in Z_p^*$。随机选择 $\{s_{w,k}\}_{k\in\{1,2\}}\in Z_p$，计算：

$$d_{w,k}=(Y_kg^{-s_{w,k}})^{1/(x-F(w))}$$

其中，$k\in\{1,2\}$，输出陷门 $T_w=\{d_{w,k},S_{w,k}\}_{k\in\{1,2\}}$。

(3) PEKS(pk, w)。随机选择 $r\in Z_p$，计算：

$$C_1=(Xg^{-F(w)})^r\ C_2=e(g,g)^r$$

$$C_3=w\cdot e(g,Y_0)^r\ t=H(C_1,C_2,C_3)$$

$$C_4=e(g,Y_1)^{tr}\cdot e(g,Y_2)^r$$

输出密文 $C=(C_1,C_2,C_3,C_4)$。注意到由于 $e(g,g)$ 和 $e(g,Y_k)$ 能够被预先计算，加密算法不需要任何双线性对的计算。

(4) PEKSD(C,dk)。输入接收者私钥 $\mathrm{dk}=\{y_k\}_{k\in\{0,1,2\}}$，PEKS 密文 $C=(C_1,C_2,C_3,C_4)$，计算：

$$w=C_3/C_2^{y_0}$$

$$t=H(C_1,C_2,C_3)$$

验证等式 $C_4=C_2^{y_1t+y_2}$，如果等式成立，输出 w。

(5) Test(T_w, C)。输入陷门 $T_w=\{d_{w,k}, S_{w,k}\}_{k\in\{1,2\}}$，PEKS 密文 $C=(C_1,C_2,C_3,C_4)$，计算 $t=H(C_1,C_2,C_3)$。验证等式 $C_4=e(C_1,d_{w,1}^t d_{w,1})\cdot C_2^{s_{w,1}t+s_{v,2}}$，如果等式成立，输出"正确"，否则输出"不正确"。

接下来将对本书的方案 Π_1、Fuhr 和 Paillier 的 PEKSD 以及 Hofheinz 和 Weinreb 的方案相比较。事实上，Hofheinz 和 Weinreb 的方案混合了匿名的 IBE 方案和 PEKS 方案。因为 Gentry 的 IBE 方案是最有效的匿名 IBE 方案，所以 Hofheinz 和 Weinreb 的方案没有 Gentry 的 IBE 方案有效。因为本书的方案 Π_1 几乎和 Gentry 的 IBE 方案一样有效，所以本书的方案比 Hofheinz 和 Weinreb 的方案更有效。FP 表示 Fuhr 和 Paillier 的方案。t_e、t_p 分别表示线性对运算花费和群 G_1、G_2 上的指数运算的花费。G_1、G_2 是双线性群。比较时不考虑 $e(g,g)$ 和 $e(g,Y_k)$ 的计算耗费，因为它们可以被看作公共参数。比较的结果如表 4.2 所示。

表 4.2 各类 PEKSD 方案的比较

评价指标	FP 方案	方案 Π_1
ComputeCost$_{\text{PEKS}}$	$1\ t_p + 4\ t_e$	$5\ t_e$
ComputeCost$_{\text{PEKSD}}$	$1\ t_p + 4\ t_e$	$1.5\ t_e$
ComputeCost$_{\text{Test}}$	$1\ t_p + 3\ t_e$	$1\ t_p + 2\ t_e$
CiphertextSize	$2\|G_2\|+2Z_p$	$1\|G_1\|+4\|G_2\|$
Retrieve the Keyword	no	yes
Independent Key	yes	yes
Random Oracle Model	yes	no
Test Query	no	yes

从表 4.2 中可以发现本书的方案在 PEKS 加密、解密、测试等方面更加有效，并且本书的方案是在加强的标准模型下测试的，而 Fuhr 和 Paillier 方案的安全性依赖于随机预言机模型。

4.3.3 PEKSD 方案的完美一致性

Hofheinz 和 Weinreb 的 PEKSD 方案拥有完美一致性(陷门拥有者所做的测试结果始终和解密算法的结果保持一致)。上述的方案仅仅是部分一致性的。接下来将给出完美一致性的 PEKSD 方案。

(1) KeyGen(λ)。λ 是安全参数，(p,g,G_1,G_2,e) 是双线性对的参数。令 $X=g^x$，$\{Y_k=g^{y_k}\}_{k\in\{0,1,2\}}$，其中 $\{y_k\}_{k\in\{0,1,2\}}$ 和 x 是 Z_p^* 中的随机数。$H:\{0,1\}^*\to Z_p^*$，$F:\{0,1\}^*\to Z_p^*$ 是两个抗碰撞哈希函数。关键字域为 $\text{KS}_w=G_2$。公、私钥分别为

$$\mathrm{pk}=(p,g,h,G_1,G_2,e,X,\{Y_k\}_{k=(0,1,2)},H,\mathrm{KS}_w)\text{，}\quad \mathrm{sk}=(\mathrm{pk},\{y_k\}_{k\in\{0,1,2\}},x)$$

（2）$\mathrm{Trapdoor(sk},w)$。输入接收者的私钥 sk，关键字 $w\in Z_p^*$。随机选择 $\{S_{w,k}\}_{k\in\{0,1,2\}}\in Z_p^*$，计算：

$$d_{w,k}=(Y_k g^{-s_{w,k}})^{1/(x-F(w))}$$

其中，$k\in\{0,1,2\}$，输出陷门 $T_w=(\{d_{w,t},S_{w,k}\}_{k\in\{0,1,2\}},w)$。

（3）$\mathrm{PEKS(pk},w)$。随机选择 $r\in Z_p$，计算：

$$C_1=(Xg^{-F(w)})^r\ C_2=e(g,g)^r$$

$$C_3=w\cdot e(g,Y_0)^r\ t=H(C_1,C_2,C_3)$$

$$C_4=e(g,Y_1)^{tr}\cdot e(g,Y_2)^r$$

输出密文 $C=(C_1,C_2,C_3,C_4)$。

（4）$\mathrm{PEKSD(sk},C)$。输入接收者的私钥 $\mathrm{sk}=(\mathrm{pk},\{y_k\}_{k=0,1,2},x)$，PEKS 密文 $C=(C_1,C_2,C_3,C_4)$，计算：

$$w=C_3/C_2^{y_0}$$

$$t=H(C_1,C_2,C_3)$$

随机选择 $\{s_{w,k}\}_{k\in\{0,1,2\}}\in Z_p^*$，计算 $d_{w,k}=(Y_k g^{-s_{w,k}})^{1/(x-F(w))}$，其中 $k\in\{0,1,2\}$。

验证等式 $C_4=e(C_1,d_{w,1}^t d_{w,1})\cdot C_2^{s_{w,1}t+s_{w,2}}$，如果等式成立，输出 w。

（5）$\mathrm{Test}(T_w,C)$。输入陷门 $T_w=(\{d_{w,k},s_{w,k}\}_{k\in\{0,1,2\}},w)$，PEKS 密文 $C=(C_1,C_2,C_3,C_4)$，计算 $t=H\left(C_1,C_2,C_3\right)$。

测试：

$$C_3=w\cdot e(C_1,d_{w,0})\cdot C_2^{s_{w,0}}$$

$$C_4=e(C_1,d_{w,1}^t d_{w,1})\cdot C_2^{s_{v,t}t+s_{w,2}}$$

如果等式成立，输出“正确”，否则输出“不正确”。

测试和解密完美一致性：接下来将展示上述方案是拥有解密和测试完美一致性的。对于 $\mathrm{KeyGen}(\lambda)$ 产生的所有的接收者 R 的公、私钥对 (pk,sk)，所有的用 w 加密的可能密文 C，所有的陷门 $T_w=\mathrm{Trapdoor}(sk,w)$，唯一的区别是 $\mathrm{PEKSD(sk},C)$ 中的测试等式 $w=C_3/C_2^{y_0}$，$\mathrm{Test}(T_w,C)$ 中的 $C_3=w\cdot e(C_1,d_{w,0})\cdot C_2^{s_{w,0}}$。因此有

$$\begin{aligned}C_3&=w\cdot e(C_1,d_{w,0})\cdot C_2^{s_{w,0}}\\&=w\cdot e((Xg^{-F(w)})^r,(Y_0g^{-s_{w,0}})^{1/(x-F(w))})(e(g,g)^r)^{s_{w,0}}\\&=w\cdot e(g^{(x-F(w)r},(g^{y_0-s_{w,0}})^{1/(x-F(w))})e(g,g)^{rs_{w,0}}\\&=w\cdot e(g,g)^{y_0r}e(g^r,g^{-s_{w,0}})e(g,g)^{rs_{w,0}}\\&=w\cdot e(g,g)^{y_0r}\end{aligned}$$

4.4 解密出关键字和消息(明文)：DPEKS 方案

Zhang 和 Imai 提出了将 PKE 和 PEKS 方案的混合，在 PKE 加密中附加 PEKS，然后能够解密 PEKS 密文来获得消息。他们还给出了标准模型下数据隐私和关键字隐私安全的一般性构造。他们的方法的一个缺陷是不能解密出关键字。因此它没能确保关键字和消息之间的联系。本节将给出本书的允许解密出关键字和消息的 DPEKS 方案，并且有以下几个特点：完美一致性、解密出关键字和消息(明文)。

4.4.1 DPEKS 方案的构造

完美一致性的 DPEKS 方案如下。

(1) KeyGen(λ)。λ 是安全参数，(p,g,G_1,G_2,e) 是双线性对的参数。令 $X=g^x$，$\{Y_k=g^{y_k}\}_{k\in\{0.1,2\}}$，其中 $\{y_k\}_{k\in\{0,1,2\}}$ 和 x 是 Z_p^* 中的随机数。$H:\{0,1\}^*\to Z_p^*$，$F:\{0,1\}^*\to Z_p^*$ 是两个抗碰撞哈希函数。关键字域为 $\mathrm{KS}_w=G_2$。公、私钥分别为

$$\mathrm{pk}=(p,g,G_1,G_2,e,X,\{Y_k\}_{k=(0,1,2)},H,\mathrm{KS}_w),\quad \mathrm{sk}=(\mathrm{pk},\{y_k\}_{k\in\{0,1,2\}},x)$$

(2) Trapdoor(sk, w)。输入接收者的私钥 sk，关键字 $w\in Z_p^*$。随机选择 $\{S_{w,k}\}_{k\in\{0,1,2\}}\in Z_p^*$，计算：

$$d_{w,k}=(Y_k g^{-s_{w,k}})^{1/(x-F(w))}$$

其中，$k\in\{0,1,2\}$，输出陷门 $T_w=(\{d_{w,k},s_{w,k}\}_{k\in\{0,1,2\}},w)$。

(3) PEKS(pk, w, m)。随机选择 $r\in Z_p$，计算：

$$C_1=(Xg^{-F(w)})^r\ \ C_2=e(g,g)^r$$

$$C_3=w\cdot e(g,Y_0)^r\ \ C_4=m\cdot e(g,Y_3)^r$$

$$t=H(C_1,C_2,C_3,C_4)$$

$$C_5=e(g,Y_1)^{tr}-e(g,Y_2)^r$$

输出密文 $C=(C_1,C_2,C_3,C_4,C_5)$。

(4) PEKSD(sk, C)。输入接收者的私钥 $\mathrm{sk}=(\mathrm{pk},\{y_k\}_{k=0,1,2},x)$，PEKS 密文 $C=(C_1,C_2,C_3,C_4)$，计算：

$$w=C_3/C_2^{y_0}$$

$$t=H(C_1,C_2,C_3)$$

随机选择 $\{s_{w,k}\}_{k\in\{0,1,2\}}\in Z_p^*$，计算 $d_{w,k}=(Y_k g^{-s_{w,k}})^{1/(x-F(w))}$，其中 $k\in\{1,2,3\}$。

$$m=C_4/e(C_1,d_{w,3})\cdot C_2^{s_{w,3}}$$

验证等式 $C_5=e(C_1,d_{w,1}^t d_{w,1})\cdot C_2^{s_{w,1}t+s_{w,2}}$，如果等式成立，输出 (w,m)。

(5) $\text{Test}(T_w,C)$。输入陷门 $T_w=(\{d_{w,k},s_{w,k}\}_{k\in\{0,1,2\}},w)$，PEKS 密文 $C=(C_1,C_2,C_3,C_4,C_5)$，计算 $t=H(C_1,C_2,C_3,C_4)$。

测试：

$$C_3=w\cdot e(C_1,d_{w,0})\cdot C_2^{s_{w,0}}$$

$$C_5=e(C_1,d_{w,1}^t d_{w,1})\cdot C_2^{s_{w,1}t+s_{w,2}}$$

如果等式成立，输出“正确”，否则输出“不正确”。

因为安全性证明与之前的 PEKSD 方案相似，这里省略了细节。

4.4.2 DPEKS 方案的完美一致性

测试和解密完美性：接下来说明本书方案的测试和解密完美一致性。就如之前讨论的，$\text{PEKSD}(\text{sk},C)$ 中的测试等式 $w=C_3/C_2^{y_0}$，$\text{Test}(T_w,C)$ 中的 $C_3=w\cdot e(C_1,d_{w,0})\cdot C_2^{s_{w,0}}$ 是相同的。因此是符合完美一致性的。

4.4.3 效率比较

本小节将给出本书的方案和目前存在的 PKE/PEKS 方案进行比较。ZI 方案表示 Zhang 和 Imai 提出的安全的 PKE/PEKS 方案。t_e、t_p、t_{Max} 分别表示线性对运算花费和群 G_1、G_2 上的指数运算，消息认证的花费。G_1、G_2 是双线性群。比较的结果如表 4.3 所示。从表 4.3 中我们可以看到，本书的方案在密文长度和 PEKS 密文计算方面更有效，在 PEKS 计算和测试方面不如 ZI 方案有效。本书的方案工作在更强的模型下，允许做测试查询并能够解密出关键字，而 Zhang 和 Imai 的方案不能解密出关键字。

表 4.3　各种 PEKSD 方案的效率比较

评价指标	ZI 方案	方案 Π_1
ComputeCostPEKS	$7t_e+1t_{\text{Max}}$	$6t_e$
ComputeCostPEKSD	$1.5t_e+1t_{\text{Max}}$	$2t_p+4t_e$
ComputeCostTest	$1t_p+1t_e$	$2t_p+3t_e$
CiphertextSize	$3\|G_1\|+3\|G_2\|+1\|\text{Max}\|$	$1\|G_1\|+4\|G_2\|$
Retrieve the Keyword	no	yes
Retrieve the Message	yes	yes
Random Oracle Model	no	no
Test Query	no	yes

4.5 本章小结

本章讨论了PEKS和PKE结合的安全性。针对Fuhr和Paillier在ProvSec 2007会议上提出的关于不使用随机预言机的可解密的带关键字搜索公钥加密的一个公开问题，首先增强了安全模型使得攻击者可以做测试查询；其次扩展原方案以获得完美一致性的PEKSD方案和解密密钥和陷门产生密钥独立的PEKSD方案；最后扩展本书的方案来达到完美一致性和允许解密出PEKS关键字和消息的方案。

第5章　可撤销的无安全信道带关键字搜索公钥加密方案

无论 IBE 还是 PKI，如果用户的私钥泄露了，都必须提供从系统中撤销用户的途径。同样在带关键字搜索公钥加密中，接收者在发送出某关键字对应的陷门给服务者后，因为某种原因不想让服务者再来搜索相应关键字了，即想撤销这一陷门。在传统的公钥加密系统中(PKE)，撤销工作是通过证书撤销列表来完成的，通过在证书中加入有效时间来实现证书有效撤销。但是带关键字搜索公钥加密跟基于身份加密一样，都没有相应陷门或者私钥的证书。根据第 2 章的讨论，匿名的基于身份加密可以用来构造带关键字搜索公钥加密，实际上，带关键字搜索公钥加密和基于身份加密有着类似的撤销问题，那么同样也有着类似的解决方案。基于身份加密，一种解决方案如下：Boneh 和 Franklin 提出用户应该周期性地更新他们的密钥，如每周，而发送者使用接收者的公钥和当前时间段(如 2009 年第 15 周)的连接来加密。值得注意的是，加密时仅仅需要用到 PKG 的系统公钥和接收者的公钥，因此没有办法来通知发送者哪个用户已经被撤销了。到目前为止，这种周期性更新私钥的机制是解决撤销问题的唯一有效途径。这意味着所有的用户，无论他们的私钥是否已经泄露，都必须定期地和 PKG 交互，证明他们的身份，获得新的私钥。对于所有这样的执行，PKG 都必须在线，并且在 PKG 和每个用户之间都必须建立一个安全信道来传输私钥。考虑到基于身份加密方案的可扩展性，可以相信，对于大量的用户更新效率将成为瓶颈。为了避免交互和安全信道,PKG 可以用先前没有撤销的用户公钥来加密新的密钥,发送密文给这些用户(或者在线发送给他们)。通过这种途径，对于系统中每一个没有撤销的用户，每一次密钥更新，PKG 都需要执行一次密钥生成算法和加密算法。这种解决需要 PKG 做的工作和用户的数量线性相关，并且当用户的数量增加时将不好扩展。

由于在加密时仅仅需要用到 PKG 的公钥和接收者的公钥,没有办法来通知发送者某个特定的身份已经被撤销。为了解决这一问题，Boneh 和 Franklin 提出用户可以周期性地获得他的私钥。在加密时，当前可用的时间段被附加在身份上，这样就在解密操作中加入了时间段，并且提供了自动的身份撤销机制：为了撤销某个具体的用户，PKG 简单地停止为这个身份发布更新的密钥。不幸的是，对于这种解决办法 PKG 需要做的工作和已注册用户的数量线性相关,并且需要为所有的用户周期性地产生密钥，当用户的数目增加时不好扩展：未撤销的用户在每个时刻获得新的密钥，这需要向 PKG 证明他的身份，并且需要通过安全信道取回密钥。其他的解决办法在每次解密时需要一个半诚实的参与方(称为中介)合作，这也不是令人满意的解决方案，因为它需要用户和中介之间相互交互。

Boldyreva、Goyal 和 Kumar(BGK)显著地改进了 Boneh 和 Franklin 的技术，并且减少权威机构的周期性工作负担和每次更新次数为用户数量的对数(而不是线性)关系。他们的可撤销基于身份加密(简称 R-IBE)方案利用了二叉树的数据结构来撤销用户，基于 Sahai 和 Waters 的模糊身份加密方案构造的。该方案的缺点是安全性证明仅仅基于选择身份模型，即攻击者需要在攻击游戏开始之前申明挑战身份。Libert 和 Vergnaud 提出了完全身份安全的可撤销的 IBE 方案，解决了 Boldyreva 等留下的公开问题。至此，上述方案是在基于身份加密中最有效的撤销方法。同样带关键字也可以用类似的方法来撤销陷门，然而无论 BGK 还是 Libert 和 Vergnaud 的方案都不是匿名的，也就是无法转化为有效的可撤销的带关键字搜索公钥加密方案。本章将吸收可撤销基于身份加密方案的二叉树撤销结构，构造有效的可撤销的无安全信道带关键字搜索公钥加密方案。

5.1 可撤销的无安全信道带关键字搜索公钥加密方案定义

定义 5.1(R-SCF-PEKS) 可高效撤销的带关键字搜索的公钥加密方案包含下面几个算法，假设关键字域为 KS_w，时间段域为 τ。

(1) GloSetup(λ,n)。输入安全参数 λ，实际关键字陷门数 $n\in N$，输出公共参数 GP。

(2) $\mathrm{KeyGen}_{\mathrm{sever}}(\mathrm{GP})$。以公共参数 GP 为输入，输出服务者 S 的公、私钥对 $(\mathrm{pk}_R,\mathrm{sk}_R)$。

(3) $\mathrm{KeyGen}_{\mathrm{receiver}}(\mathrm{GP})$。以公共参数为输入，输出接收者 R 的公、私钥对 $(\mathrm{pk}_R,\mathrm{sk}_R)$，初始状态 st，空的撤销列表 RL。

(4) KTrapdoor$(\mathrm{GP},\mathrm{sk}_R,w)$。由接收者运行，输入公共参数 GP，接收者的私钥 sk_R，关键字 w，状态 st。产生初始陷门 d_w 和更新的状态 st。

(5) UTrapdoor$(\mathrm{GP},\mathrm{sk}_R,\mathrm{st},\mathrm{RL})$。由接收者运行，输入公共参数 GP，接收者的私钥 sk_R，更新陷门时间 $t\in\tau$，撤销列表 RL，状态 st。产生更新陷门 u_t。

(6) Trapdoor(d_w,u_t)。输入关键字的初始陷门 d_w，更新陷门 u_t，输出在时间 t 的实时陷门 $T_{w,t}$。

(7) PEKS$(\mathrm{GP},\mathrm{pk}_R,\mathrm{pk}_S,w,t)$。输入公共参数 GP，接收者的公钥 pk_R，服务者的公钥 pk_S，关键字 $w\in\mathrm{KS}_w$，时间 $t\in\tau$。返回一个用关键字 w 和时间 t 加密的 PEKS 密文 C。

(8) Test$(\mathrm{GP},\mathrm{sk}_S,C,T_{w,t})$。输入公共参数 GP，服务者的私钥 sk_S，在时间 t 的实

时陷门 $T_{w,t}$，PEKS 密文 $C = \text{PEKS}(\text{GP}, \text{pk}_R, \text{pk}_S, w', t)$。如果 $w = w'$，输出“正确”，否则输出“错误”。

(9) $\text{Revocation}(\text{GP}, w, t, \text{RL}, \text{st})$。由接收者运行，输入公共参数 GP，将要撤销的关键字 w，撤销时间 $t \in \tau$，撤销列表 RL，状态 st，输出更新的撤销列表 RL。

接下来将给出 R-PEKS 基于游戏的安全性定义，称为可撤销的无安全信道的抗选择关键字攻击不可区分性(IND-R-SCF-CKA)。

定义 5.2(IND-R-SCF-CKA 游戏)　λ 是安全参数，A 是攻击者。考虑下面两个游戏。

$\text{Game}_{\text{server}}$：假设 A 是服务者。

(1) 系统建立。公共参数产生算法 $\text{GloSetup}(\lambda)$ 和两个密钥产生算法 $\text{KeyGen}_{\text{receiver}}(\text{GP})$，$\text{Game}_{\text{server}}$ 被执行，产生公共参数 GP，初始状态 st，空的撤销列表 RL，接收者和服务者的公、私钥对为 $(\text{pk}_R, \text{sk}_R)$、$(\text{pk}_S, \text{sk}_S)$，接着模拟者 B 把 $(\text{pk}_S, \text{sk}_S)$ 和 pk_R 发送给攻击者 A。

(2) 查询阶段 1。攻击者 A 如下查询。

① 初始陷门查询 $< w >$。A 适应地询问 B 关于关键字 w，$w \in \text{KS}_w$，所对应的初始陷门 d_w，B 返回给 A 初始陷门 $d_w = \text{KTrapdoor}(\text{GP}, \text{sk}_R, w)$。

② 更新陷门查询 $< t >$。A 适应地询问 B 关于时间段 t 所对应的更新陷门，B 返回给 A 更新陷门 $u_t = \text{UTrapdoor}(\text{GP}, \text{sk}_R, t, \text{st}, \text{RL})$。

③ 撤销查询 $< w, t >$。A 对他所选的关键字 w 和时间 t 做撤销查询，执行 $\text{Revocation}(\text{GP}, w, t, \text{RL}, \text{st})$ 更新 RL。

(3) 挑战。一旦 A 决定查询阶段 1 结束，他输出挑战关键字对 (w_0, w_1) 和挑战时间 t^*。接收到挑战关键字对后，B 随机地选择 $\beta \in \{0,1\}$，并且产生挑战密文 $C^* = \text{PEKS}(\text{GP}, \text{pk}_R, \text{pk}_S, w_\beta, t^*)$，发送给 A。

(4) 查询阶段 2。A 的查询与阶段 1 相同。

(5) 猜测。攻击者输出他的猜测 β'，如果 $\beta = \beta'$，则攻击者获得胜利。

注意，游戏必须遵循如下限制：

(1) 更新陷门查询 $< t >$ 和撤销查询 $< w, t >$ 允许对大于等于先前的时间查询，即攻击者只允许对非递减时间进行查询。同时，如果对时间 t 查询更新陷门查询 $< t >$，则不允许对时间 t 查询撤销查询 $< w, t >$。

(2) 如果对挑战关键字 $w_i (i = 0,1)$ 做初始陷门查询，则撤销查询 $< w_i, t >$ 的时间 t 必须满足 $t \leqslant t^*$。

定义服务者游戏 $\text{Game}_{\text{server}}$ 中攻击者 A 的优势：$\text{Adv}_A^{\text{Game}_{\text{server}}}(\lambda) = \left|\Pr[\beta = \beta'] - \dfrac{1}{2}\right|$

$\text{Game}_{\text{receiver}}$：假设 A 是外部的攻击者(包括接收者)。

(1) 系统建立。公共参数产生算法 $\text{GloSetup}(\lambda)$ 和两个密钥产生算法 $\text{KeyGen}_{\text{receiver}}(\text{GP})$ ， $\text{KeyGen}_{\text{sever}}(\text{GP})$ 被执行，产生公共参数 GP，初始状态 st，空的撤销列表 RL，接收者和服务者的公、私钥对为 $(\text{pk}_R,\text{sk}_R)$ 、 $(\text{pk}_S,\text{sk}_S)$ ，接着模拟者 B 把 $(\text{pk}_R,\text{sk}_R)$ 和 pk_S 发送给攻击者 A 。

(2) 查询阶段 1。攻击者 A 做一系列的查询。

①初始陷门查询 $<w>$ 。因为 A 知道接收者的私钥，他能够自己计算关于关键字 w ， $w\in \text{KS}_w$ ，所对应的初始陷门 d_w 。

② 更新陷门查询 $<t>$ 。因为 A 知道接收者的私钥，他能够自己计算关于时间 $t(t\in\tau)$ ，所对应的更新陷门 u_t 。

③ 撤销查询 $<w,t>$ 。 A 对他所选的关键字 w 和时间 t 做撤销查询，执行 $\text{Revocation}(\text{GP},w,t,\text{RL},\text{st})$ 更新 RL 。

(3) 挑战。一旦 A 决定查询阶段 1 结束，他输出挑战关键字对 (w_0,w_1) 和挑战时间 t^* 。接收到挑战关键字对， B 随机地选择 β ，其中 $\beta\in\{0,1\}$ ，并且产生挑战密文 $C^*=\text{PEKS}(\text{GP},\text{pk}_R,\text{pk}_S,w_\beta,t^*)$ ，发送给 A 。

(4) 查询阶段 2。 A 的查询与阶段 1 相同。

(5) 猜测。攻击者输出他的猜测 β' ，如果 $\beta=\beta'$ ，则攻击者获得胜利。

定义接收者游戏 $\text{Game}_{\text{receiver}}$ 中攻击者 A 的优势：

$$\text{Adv}_A^{\text{Game}_{\text{receiver}}}(\lambda)=\left|\Pr[\beta=\beta']-\frac{1}{2}\right|$$

如果 $\text{Adv}_A^{\text{Game}_i}(\lambda)$ (i 为服务者和接收者)是可忽略的,则称可撤销的无需安全信道带关键字搜索公钥加密方案是 IND-R-SCF-CKA 安全的。

5.2 可撤销 SCF-PEKS 方案构造

5.2.1 撤销二叉树结构

假设所有的用户对怎样划分时间段已经达成了协议，如以天来划分(20091225、20091226 等)。在本方案中消息使用关键字和时间来加密。时间指消息的加密时间，其中 20091225 表示 2009 年 12 月 25 日。

首先介绍撤销二叉树的数据结构。用 root 表示根节点，如果 v 是叶子节点，$\text{Path}(v)$ 表示节点 v 到根节点的路径上的所有的节点的集合(包括 v 和根节点)。如果 v 不是叶子节点，则 v_l、v_r 表示它的左、右孩子节点。

函数 KUNodes 用来计算关键字更新时树 T 所需要更新的关键字陷门的最小

集合，在时间 t 仅仅非撤销的陷门能够正常使用，即完成测试算法。函数输入二叉树 T 、撤销列表 RL、时间 t 、输出节点集合，这个集合是 T 中最小的需要更新节点的集合，这时，撤销列表 RL 中没有时间小于等于 t（正在撤销的或者在 t 之前撤销的关键字）节点的任何祖先（或者它们自己）在集合中，并且每个其他的叶节点（对应非撤销关键字陷门）仅仅有一个祖先（或者它们自己）在集合中。函数的操作如下：首先标记所有撤销节点的祖先为已撤销，然后输出所有撤销节点的非撤销孩子节点。图 5.1 所示为函数 KUNodes 的操作：左边的二叉树表示 $U_1 \sim U_8$ 没有关键字陷门被撤销，显然只需要更新根节点就可以。右边的二叉树表示关键字陷门 U_7、U_8 被撤销，需要更新的是打勾的两个节点。

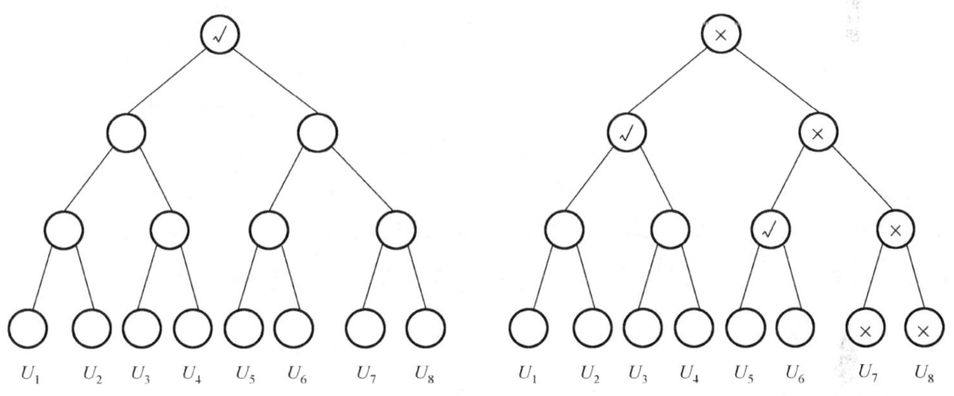

图 5.1　函数 KUNodes 的操作：撤销树

算法的正式描述如下：

```
KUNodes(T, rl, t)
    X, Y ← ϕ
    ∀(v_i, t_i) ∈ rl
      if t_i ≤ t then add Path(v_i) to X
    ∀x ∈ X
      if x_l ∈ X̄ then add x_l to Y
      if x_r ∈ X̄ then add x_r to Y
      if Y ∈ ϕ then add root Y
    Re turn Y
```

函数 KUNodes 仅仅当撤销列表 RL 改变时才需要执行。如果关键字陷门的数量超过了当前二叉树的最大容量 n，很容易扩展当前的树并增加 n 个关键字陷门，方法如下：建立一颗同样大小的空树，把当前树的根节点和新树的根节点连接到新的根节点。新的连接的树有 $2n$ 个叶子节点，新关键字陷门能够被添加进来。

接下来讨论更新效率，首先分析计算和发布更新陷门的计算和时间复杂性，它是用户(关键字)数量的一个函数，作为用户数量 n 和撤销用户数 r 的一个函数。将本书方案最坏情况下的复杂性和周期密钥更新的 Boneh 和 Franklin(BF)密钥撤销的一般性解决方案相比。表 5.1 总结了比较的结果。本书的方案中需要更新的密钥数量和函数 KUNodes 返回的节点数相关。

表 5.1　更新效率比较

方案	$r=0$	$1<r\leqslant\frac{n}{2}$	$\frac{n}{2}<r\leqslant n$
BF	$o(n)$	$o(n-r)$	$o(n-r)$
二叉树撤销结构	$o(1)$	$o\left(r\log\left(\frac{n}{r}\right)\right)$	$o(n-r)$

如表 5.1 所示，由于 r 比较小，本书的方案相比于 BF 方案有显著的改进。对于值比较大的 r (尤其是当它和 n 接近时)，这种优势没有了。然而注意到随着 r 的增加,本书的方案能够被重新设置来保持密钥更新的有效性(通过再次运行系统建立算法，这将使撤销列表为空，仅仅为非撤销的关键字发布更新陷门)。

5.2.2　R-SCF-PEKS 方案构造

方案的具体构造如下。

(1) GloSetup(λ,n)。λ 是安全参数，$n\in N$ 是实际关键字陷门数。(p,g,G_1,G_2,e) 是双线性对的参数。单向哈希函数 $H_1:\{0,1\}^*\to G_1^*$，$H_2:\{0,1\}^*\to G_1^*$，$H_3:G_2\to\{0,1\}^k$，关键字域为 KS_w，公共参数为 $\mathrm{GP}=(p,g,G_1,G_2,e,H_1,H_2,H_3,N,\mathrm{KS}_w)$。

(2) $\mathrm{KeyGen}_{\mathrm{sever}}(\mathrm{GP})$。随机选择 $x\in Z_p$，计算 $X=g^x$，随机选择 $Q\in G_1$，输出服务者的公、私钥对 $(\mathrm{pk}_S,\mathrm{sk}_S)$，其中，$\mathrm{pk}_S=(\mathrm{GP},X,Q)$，$\mathrm{sk}_S=(\mathrm{pk}_S,x)$。

(3) $\mathrm{KeyGen}_{\mathrm{receiver}}(\mathrm{GP})$。接收者定义时间段 $\tau=\{1,2,\cdots,t_{\max}\}$，做如下操作。

初始化撤销列表 $\mathrm{RL}=\phi$，状态 $\mathrm{st}=T$，二叉树 T 至少含有 n 个叶节点。随机选择 $y\in Z_P^*$，计算 $Y=g^y$，随机选择 $Z\in G_1^*$，输出接收者的公、私钥对 $(\mathrm{pk}_R,\mathrm{sk}_R)$，其中 $\mathrm{pk}_R=(\mathrm{GP},Y,Z)$，$\mathrm{sk}_R=(\mathrm{pk}_R,y)$。

(4) KTrapdoor$(\mathrm{GP},\mathrm{sk}_R,w,\mathrm{st})$。分解 GP 为 $\mathrm{GP}=(p,g,G_1,G_2,e,H_1,H_2,H_3,N,\mathrm{KS}_w)$，$\mathrm{sk}_R=(\mathrm{GP},y)$，状态 st 为 T。

① 从 T 中选择一个未分配的叶子节点 v，让它和关键字 $w\in\mathrm{KS}_w$ 相关联。

② 对于所有的节点 $\theta \in \text{Path}(v)$ 做如下操作。

a．如果已经定义了 $Z_{1,\theta}$，则从树 T 中恢复 $Z_{1,\theta}$。否则随机选择 $Z_{1,\theta} \in G_1$，设置 $Z_{2,\theta} = Z / Z_{1,\theta}$，保存节点 θ 在状态 $\text{st} = T$ 对应的对 $(Z_{1,\theta}, Z_{2,\theta}) \in G_1 \times G_1$。

b．设置 $d_{w,\theta} = (H_1(w) \cdot Z_{1,\theta})^y$。

③ 返回 $d_w = \{(\theta, d_{w,\theta})\}_{\theta \in \text{Path}(v)}$，更新状态 $\text{st} = T$。

（5）UTrapdoor$(\text{GP}, \text{sk}_R, t, \text{RL}, \text{st})$。分解 GP 为 GP=$(p, g, G_1, G_2, e, H_1, H_2, H_3, N, \text{KS}_w)$，$\text{sk}_R = (\text{GP}, y)$，状态 st 为 T，对于所有的 $\theta \in \text{KUNodes}(T, \text{RL}, t)$。

① 从 T 中选择一个未分配的叶节点 v，让它和关键字 $w \in \text{KS}_w$ 相关联。

② 对于所有的节点 $\theta \in \text{Path}(v)$ 做如下操作。

a．如果已经定义了 $Z_{2,\theta}$，从 T 中恢复 $Z_{2,\theta}$。否则随机选择 $Z_{2,\theta} \in G_1$，设置 $Z_{1,\theta} = Z / Z_{2,\theta}$，保存节点 θ 在状态 $\text{st} = T$ 对应的对 $(Z_{1,\theta}, Z_{2,\theta}) \in G_1 \times G_1$。

b．设置 $u_{t,\theta} = (H_2(t) \cdot Z_{2,\theta})^y$。

③ 返回更新陷门集合 $u_t = \{(\theta, u_{t,\theta})\}_{\theta \in \text{KUNodes}(T, \text{RL}, t)}$，更新状态 $\text{st} = T$。

（6）Trapdoor(d_w, u_t)。对于节点集合 $I, J \in T$，分解 $d_w = \{(i, d_{w,i})\}_{i \in I}$，$u_t = \{(j, u_{t,j})\}_{j \in J}$。如果没有存在二元组 $(i, j) \in I \times J$ 且 $i = j$ 的配对，返回⊥。否则选择任意的这样一个二元组且 $i = j$，设置更新后的陷门为

$$T_{w,t} = d_{w,i} \cdot u_{t,i} = (H_1(w) \cdot Z_{1,\theta})^y \cdot (H_2(t) \cdot Z_{2,\theta})^y = (H_1(w) \cdot H_2(t) \cdot Z)^y$$

返回 $T_{w,t}$。

（7）PEKS$(\text{GP}, \text{pk}_R, \text{pk}_S, w, t)$。随机选择 $r \in Z_p^*$，计算 $U = g^r$，$V = H_3(k)$，其中 $k = (e(Q, X) e(Z \cdot H_1(w) \cdot H_2(t), Y))^r$，PEKS 密文为 $C = (U, V)$，返回 C。

（8）Test$(\text{GP}, T_w, \text{sk}_S, C)$。验证等式 $k = H_3(e(Q^x \cdot T_{w,t}, U))$，如果等式成立，返回"正确"，否则返回"不正确"。

（9）Revocation $R(\text{GP}, w, t, \text{RL}, \text{st})$。$v$ 是和关键字 w 相对应的叶节点，为了在时间段 t 撤销后者，增加 (v, t) 到 RL 中，发布更新的撤销列表 RL。

正确性说明：接下来给出正确产生的密文将被拥有正确陷门的服务者检查通过。令 $C =$（C_1, C_2, C_3, C_4）是用关键字 w、时间 t、pk_R、pk_S 产生的，陷门 $T_{w,t} = (H_1(w) \cdot H_2(t) \cdot Z)^y$，有下式成立。

$$\begin{aligned}
k &= H_3(e(Q^x \cdot T_{w,t}, U)) \\
&= H_3(e(Q^x \cdot, U) e(T_{w,t}, U)) \\
&= H_3(e(Q^x \cdot (H_1(w) \cdot H_2(t) \cdot Z)^y), g^r)) \\
&= H_3(e(Q^x, g^r) e((H_1(w) \cdot H_2(t) \cdot Z)^y), g^r)) \\
&= H_3(e(Q, X)^r e(H_1(w) \cdot H_2(t) \cdot Z), Y)^r)
\end{aligned}$$

5.2.3 R-SCF-PEKS 方案的安全性

接下来将分析本书的 R-SCF-PEKS 方案在标准模型下的安全性，分为服务者游戏和接收者游戏分析。

定理 5.1 如果 BDH 假设成立，本书的方案是 IND-R-SCF-CKA 安全的。

引理 1 如果 BDH 假设成立，本书的方案在服务者游戏中是抗选择关键字语义安全的。

证明 假设在服务者游戏中存在一个多项式时间攻击者 A 能够攻击本书的方案。我们建立一个模拟者 B 能够解决 BDH 问题，模拟如下。

挑战者首先设置群 G_1、G_2，有效的双线性对 e，以及群 G_1 的生成元 g。模拟者输入一个 BDH 问题实例 (g,g^a,g^b,g^c)，模拟者 B 的目标是计算 $T=e(g,g)^{abc}$，假设攻击者 A 做了 q_{kt} 次初始陷门查询。

区分两种类型攻击者：

类型Ⅰ攻击者没有对挑战关键字 $w^*=w_\beta^*$ 做陷门查询。

类型Ⅱ攻击者在游戏的某个时候对挑战关键字 $w^*=w_\beta^*$ 做了陷门查询，但限制是挑战关键字 $w^*=w_\beta^*$ 在时间 t^* 或者之前被撤销了，表明攻击者没有对挑战时间 t^* 做更新陷门查询。

在游戏开始时，模拟者随机抛掷硬币 $c_{\text{mode}}\in\{0,1\}$ 作为攻击者类型的猜测。期望的攻击者分别为类型 $\text{I}(c_{\text{mode}}=0)$ 和类型 $\text{II}(c_{\text{mode}}=1)$。显然模拟者有一半的概率猜中，这显然是不可忽略的。

如果 $c_{\text{mode}}\in\{0,1\}$，$B$ 采用如下模拟策略。

(1) 系统建立。λ 是安全参数，(p,g,G_1,G_2,e) 是双线性对的参数，关键字域 KS_w。

B 随机选择 $x\in Z_p$，计算 $X=g^x$。随机选择 $Q\in G_1$。设置 pk_S、sk_S 分别为 $\text{pk}_S=(\text{GP},Q,X)$，$\text{sk}_S=(\text{GP},x)$。

接收者定义时间段 $\tau=\{1,2,\cdots,t_{\max}\}$，初始化撤销列表 $\text{RL}=\phi$，状态 $\text{st}=T$，其中二叉树 T 至少含有 n 个叶子节点。设置 $Y=g^c$，B 随机选择 $z\in Z_p$，计算 $Z=g^z$，返回接收者的公、私钥对 $(\text{pk}_R,\text{sk}_R)$，其中 $\text{pk}_R=(\text{GP},Y,Z)$，$\text{sk}_R=(\text{pk}_R,x)$（注意：$B$ 不知道 c，但是知道 x 和 z）。发送 pk_R、pk_S、sk_S 给攻击者 A。

无论 c_{mode} 的值为多少，对于树的每个节点 $\theta\in T$，B 随机选择 $z_{1,\theta}\in Z_p$，计算 $Z_{1\theta}=g^{z_{1,\theta}}$，$z_{2,\theta}=z-z_{1,\theta}$，令 $Z_{2,\theta}=g^{z_{2,\theta}}$。事实上，$B$ 把公钥 $Z=g^z$ 分成了两个部分 $(Z_{1,\theta},Z_{2,\theta})$，满足 $Z=(Z_{1,\theta},Z_{2,\theta})$。

随机预言机 H_1、H_2、H_3 由 B 按如下设置。任何时刻，A 对 H_1 做 w 查询，B 操作如下：

搜索 H_1 中的记录 (w,L,l,δ)，如果存在，返回 L 作为结果。否则，做下面操作：

① 随机选择 δ，满足 $\Pr[\delta=0]=1/(q_{\mathrm{kt}}+1)$。其中 q_{kt} 为初始陷门查询次数。

② 随机选择 $l\in Z_p^*$，如果 $\delta=0$，$L=g^b g^l$。如果 $\delta=1$，$L=g^l$。

③ 返回 L 作为结果，把 (w,L,l,δ) 添加到 H_1 的列表。

任何时刻，A 对 H_2 做查询，B 搜索 H_2 中的记录 (t,l_t)，如果存在返回 g^{l_t} 作为结果；否则随机选择 $l_t\in Z_p^*$，返回计算结果 g^{l_t}，并把 (t,l_t) 添加到 H_2 的列表。

如果 A 对 H_3 查询 k，B 搜索 H_3 中的记录 (k,V)，如果存在返回 V 作为结果；否则随机选择 $V\in\{0,1\}^k$，返回 V 作为结果，并把 (k,V) 添加到 H_3 的列表。

公共参数为 $\mathrm{GP}=(p,g,G_1,G_2,e,H_1,H_2,H_3,\mathrm{KS}_w)$。

(2) 查询阶段 1。攻击者 A 做如下查询。

① 初始陷门查询 $<w>$ A 询问 B 他适应地查询关键字 w，$w\in\mathrm{KS}_w$，所对应的初始陷门 d_w。B 做如下回答。

a．通过上面模拟的随机预言机 H_1 来获得元组 (w,L,l,δ)。如果 $\delta=0$，输出放弃并停止模拟，否则转到下一步。

b．计算 $d_w=Y^lY^{z_{1,\theta}}$，作为结果返回。注意到对于接收者的公钥 $Y=g^c$，由于 $d_w=Y^lY^{z_{1,\theta}}=g^{lc}g^{z_{1,\theta}c}=(g^l)^c(g^{z_{1,\theta}})^c=(H_1(w)Z_{1,\theta})^c$，可见 d_w 是一个正确的陷门。

② 更新陷门查询 $<t>$。A 询问 B 他所选的 $t\in T$ 的更新陷门，B 做如下回答：

a．通过上面模拟的随机预言机 H_2 来获得元组 (t,l_t)。

b．计算 $U_t=Y^{lt}Y^{z_{2,\theta}}$，作为结果返回。注意到对于接收者的公钥 $Y=g^c$，由于 $U_t=Y^{lt}Y^{z_{2,\theta}}=g^{l_tc}g^{z_{2,\theta}c}=(g^{l_t})^c(g^{z_{2,\theta}})^c=(H_2(t)Z_{2,\theta})^c$，可见 U_t 是一个正确的更新陷门。

③ 撤销查询 $<w,t>$。A 对他所选的关键字 w 和时间 t 做撤销查询，Revocation $R(\mathrm{GP},w,t,\mathrm{RL},\mathrm{st})$ 更新 RL。

(3) 挑战。一旦 A 决定查询阶段 1 结束，输出挑战关键字对 (w_0,w_1) 和挑战时间 t^*。B 做如下回答。

① 通过上面模拟的随机预言机 H_1 来获得元组 $(w_0^*,L_0^*,l_0^*,\delta_0^*)$ 和 $(w_1^*,L_1^*,l_1^*,\delta_1^*)$。如果 δ_0^* 或者 δ_1^* 等于1，输出放弃并停止，否则转到下一步。

② 随机选择 $\beta\in\{0,1\}$，因此 $\delta_\beta^*=0$。

③ 随机选择 $R\in\{0,1\}^k$，产生挑战密文 $C=(U^*,V^*)=(g^a,R)$，其中，R 隐含的定义为

$$H_3((e(Q,X)e(ZH_1(w_\beta^*)H_2(t^*),Y))^a)$$

根据 Q、X、Y 的定义，有

$$\begin{aligned}&(e(Q,X)e(ZH_1(w_\beta^*)H_2(t^*),Y))^a\\&=e(Q,g^x)^a e(g^z g^{(b+l_\beta^*)}g^{l_t},g^c)^a\\&=e(Q,g^x)^a e(g,g)^{abc}e(g^a,g^c)^{l_\beta^*+l_{t+z}}\end{aligned}$$

(4)查询阶段 2。A 的查询与阶段 1 相同。

(5)猜测。攻击者 A 输出他的猜测 β'，B 从 H_3 的列表中选择查询-回答列表中的 k，返回 $k/(e(Q,g^a)^x e(g^a,g^c)^{l_{\beta'}+l_t+z})$ 作为 BDH 问题的答案。

如果 $c_{\text{mode}}=1$，显然跟第一种情况是一个对称形式：关键字 w 和时间 t 互换，以及 H_1 和 H_2 互换，其他的策略和 $c_{\text{mode}}=0$ 的情况完全一致，本书忽略了证明细节。

引理 2　如果 BDH 假设成立，本书的方案在接收者游戏中是抗选择关键字语义安全的。

证明　假设在接收者游戏中存在一个多项式时间攻击者 A 能够攻击本书的方案。我们建立一个模拟者 B 能够解决 BDH 问题，模拟如下。

挑战者首先设置群 G_1、G_2，有效的双线性对 e，以及群 G_1 的生成元 g。模拟者输入一个 BDH 问题实例 (g,g^a,g^b,g^c)，模拟者 B 的目标是计算 $T=e(g,g)^{abc}$，假设攻击者 A 做了 q_{H_1}、q_{H_2}、q_{H_3} 次 H_1、H_2、H_3 的随机预言查询。

(1)系统建立。λ 是安全参数，(p,g,G_1,G_2,e) 是双线性对的参数，关键字域 KS_w。

B 设置 $Q=g^b$，$X=g^c$ 设置 pk_S、sk_S 分别为 $\text{pk}_S=(\text{GP},Q,X)$，$\text{sk}_S=(\text{GP},b,c)$（注意：$B$ 不知道 sk_R 中的 b,c）。

B 接收者定义时间段 $\tau=\{1,2,\cdots,t_{\max}\}$，初始化撤销列表 $\text{RL}=\phi$，状态 $\text{st}=T$，二叉树 T。随机选择 $y\in Z_p^*$ 设置 $Y=g^y$，B 随机选择 $z\in Z_p$，计算 $Z=g^z$。返回接收者的公、私钥对 $(\text{pk}_R,\text{sk}_R)$，其中 $\text{pk}_R=(\text{GP},Y,Z)$，$\text{sk}_R=(\text{pk}_R,y)$。发送 pk_R、pk_S、sk_R 给攻击者 A。

对于树的每个节点 $\theta\in T$，B 随机选择 $z_{1,\theta}\in Z_p$，计算 $Z_{1,\theta}=g^{z_{1,\theta}}$，$z_{2,\theta}=z-z_{1,\theta}$，令 $Z_{2,\theta}=g^{z_{2,\theta}}$。事实上，$B$ 把公钥 $Z=g^z$ 分成了两个部分 $(Z_{1,\theta},Z_{2,\theta})$，满足 $Z=Z_{1,\theta}\cdot Z_{2,\theta}$。

随机预言机 H_1、H_2、H_3 由 B 按如下设置。任何时刻，A 对 H_1 做 w 查询，B 随机选择 $l\in Z_p^*$，计算 $L=g^l$，返回结果 L。如果 A 对 H_2 做 t 查询，类似 H_1 的模拟，B 随机选择 $l\in Z_p^*$，计算 $L=g^l$，返回结果 L。如果 A 对 H_3 查询 k，B 随机选择 $V\in\{0,1\}^k$，返回 V 作为结果。注意到，B 保存这些随机预言机的查询-回答列表。

公共参数为 $\text{GP}=(p,g,G_1,G_2,e,H_1,H_2,H_3,\text{KS}_w)$。

(2)查询阶段 1。攻击者 A 做如下查询：

① 初始陷门查询 $<w>$。因为 A 知道接收者的私钥，他能够计算他所选择的关键字 w，$w\in\text{KS}_w$，所对应的初始陷门 d_w。

② 更新陷门查询 $<t>$。因为 A 知道接收者的私钥，他能够计算他所选择的时间 t，$t\in\tau$，所对应的更新陷门 u_t。

③ 撤销查询 $<w,t>$。A 对他所选的关键字 w 和时间 t 做撤销查询，B 执行 Revocation $R(\text{GP},w,t,\text{RL},\text{st})$ 更新 RL。

(3) 挑战。一旦 A 决定查询阶段 1 结束，输出挑战关键字对 (w_0, w_1) 和挑战时间 t^*。B 返回挑战密文 C^*，其中 $C^* = (U^*, V^*) = (g^a, R)$。显然 R 隐含的定义为

$$H_3((e(Q,X)e(ZH_1(w_\beta^*)H_2(t^*),Y))^a)$$

根据 Q、X、Y 的定义，有

$$\begin{aligned}&(e(Q,X)e(ZH_1(w_\beta{}^*)H_2(t^*),Y))^a\\&=e(g^b,g^c)^a e(g^z g^{l_\beta{}^*} g^{l_{t^*}},g^y)^a\\&=e(g,g)^{abc} e(g^{z+l_\beta{}^*+l_{t^*}},g^a)^y\end{aligned}$$

(4) 查询阶段 2。A 的查询与阶段 1 相同。但需要满足安全定义中的限制。

(5) 猜测。攻击者 A 输出他的猜测 β'，B 从 H_3 的列表中选择查询-回答列表中的 k，返回 $k/e(g^{z+l_\beta^*+l_{t^*}},g^a)^y$ 作为 BDH 问题的答案。

概率分析：从上面模拟说明，B 完美地模拟了 IND SCF-CKA 模型接收者游戏中的真实攻击。令 AskW 表示事件 A 在真实的攻击过程中向随机预言机询问下面两个情况中的一个。

$$k_0 = (e(Q,X)e(\mathrm{ZH}_1(w_0^*)H_2(t^*),Y))^a$$

或者

$$k_1 = (e(Q,X)e(\mathrm{ZH}_1(w_1^*)H_2(t^*),Y))^a$$

注意到，如果 AskW 没有发生，A 的猜测结果 β' 等于 β 的概率为 $1/2$。因此应用贝叶斯规则，有

$$\begin{aligned}\Pr[\beta'=\beta]&=\Pr[\beta'=\beta\mid \mathrm{AskW}]\Pr[\mathrm{AskW}]+\Pr[\beta'=\beta\mid \neg\mathrm{AskW}]\Pr[\neg\mathrm{AskW}]\\&\leqslant \Pr[\mathrm{AskW}]+\frac{1}{2}\Pr[\neg\mathrm{AskW}]=\frac{1}{2}+\frac{1}{2}\Pr[\mathrm{AskW}]\end{aligned}$$

根据 IND-SCF-CKA 模型接收者游戏中 A 成功的概率的定义，有

$$\frac{1}{2}+\frac{1}{2}\mathrm{Succ}_{\mathrm{Game}_R}{}^A(\lambda)\leqslant\frac{1}{2}+\frac{1}{2}\Pr[\mathrm{AskW}]\Leftrightarrow \mathrm{Succ}_{\mathrm{Game}_R}{}^A(\lambda)\leqslant \Pr[\mathrm{AskW}]$$

同时当 AskW 发生时，B 至少以概率 $\dfrac{1}{q_{H_3}}$ 能够解决 BDH 问题，通过询问随机预言机 H_3，挑选：

$$\begin{aligned}k_\beta{}^*&=(e(Q,X)e(ZH_1(w_\beta{}^*)H_2(t^*),Y))^a\\&=e(g^b,g^c)^a e(g^z g^{l_\beta^*} g^{l_{t^*}},g^y)^a=e(g,g)^{abc}e(g^{z+l_\beta{}^*+l_{t^*}},g^a)^y\end{aligned}$$

计算 $k/e\left(g^{z+l_\beta{}^*+l_{t^*}},g^a\right)^y$，因为 q_{H_3} 是向随机预言机 H_3 询问的次数，因此有

$$\mathrm{Succ}_{\mathrm{BDH}}(\lambda) \geqslant \frac{1}{q_{H_3}} \Pr[\mathrm{AskW}] \geqslant \frac{1}{q_{H_3}} \mathrm{Succ}_{\mathrm{Game}_R}{}^{A}(\lambda)$$

到此完成游戏的证明。

5.3 本 章 小 结

本章给出了可撤销的无安全信道的带关键字搜索公钥加密方案安全模型，并提出了可高效撤销的无安全信道的带关键字搜索公钥加密方案，基于 BDH 假设，证明了可撤销的无安全信道的抗选择关键字攻击不可区分性(IND-R-SCF-CKA)，并解决了带关键字搜索公钥加密方案无法撤销陷门这一重要问题。

第 6 章　带关键字搜索的匿名条件代理重加密方案

第 5 章讨论了关于撤销陷门的问题，并且构造了有效地撤销陷门的带关键字搜索公钥加密方案。本章将把带关键字搜索公钥加密方案结合条件代理重加密方案来构造匿名条件代理重加密方案。代理重加密的思想是代理者可以把用授权者的公钥加密的密文转化为受理者公钥加密的密文。实际环境中希望只有符合某个条件的密文(而不是所有密文)能够被代理者转换且被受理者解密。为了解决这一问题，Weng 等在 2009 年引入条件代理重加密的概念，使得符合授权者设置的关键字的密文才能够被代理者转换为受理者的密文。然而他们的构造不是匿名的，即密文会泄露关键字信息。于是他们留下了一个公开问题：怎样构建一个匿名的 CCA 安全的条件代理重加密方案。在本章中首先形式化 CCA 安全的条件代理重加密方案的定义和安全模型；然后通过给出标准模型下匿名的条件代理重加密方案来对 Weng 等的公开问题给出一个肯定的回答。

代理重加密方案(PRE)使代理者能够把用授权者公钥加密的密文转换成受理者的密文。1998 年，Blaze 等首次提出了代理重加密方案，在他们的方案中，明文和私钥对代理者来说依然是隐藏的。但是他们方案的缺陷在于代理密钥能够被用来将受理者的密文转换成授权者的密文(即双向的)，此外代理者可以和受理者合谋来揭示授权者的密钥。

2005 年，Ateniese 等提出了用双线性对建立单向的代理重加密方案，同时也防止了代理者和受理者合谋来揭示授权者的密钥。他们的方案在随机预言机模型下得到了证明。2006 年，Green 和 Ateniese 把上面的概念扩展到基于身份的代理重加密(IB-PRE)，并且提出了新的抗选择密文攻击(CCA)安全的模型。Canetti 和 Hohenberger 也提出了新的抗选择密文攻击(CCA)安全的 PRE 方案，在转换之前代理者能够先验证密文的合法性。2007 年 Chu 和 Tzeng 提出了一个多跳的、单向的基于身份的代理重加密方案，并且证明是标准模型下 CCA 安全的。之后 Shao 等指出 Chu 等的证明是不正确的。这些构造都是基于双线性对的。尽管计算能力有了较快发展，双线性对的计算代价仍然是十分昂贵的。为了弥补这个缺陷，Deng 等在 2008 年提出了随机预言模型下不使用双线性对的双向的 PRE 方案。在 Deng 等的工作之后，Shao 和 Cao 提出了不用双线性对的代理重加密方案，在他们的方案中，密文只能以一个方向转换，即单向性。他们的方案是基于决定性

Diffie-Hellman(DDH)假设和因数分解难解假设，以及随机预言模型下 CCA 安全和抗合谋攻击安全的。

目前存在的代理重加密并不能适应所有实际情况的应用。接下来将举例说明实际应用环境。假设 Alice 是银行经理，他目前正在休假，并允许 Bob 阅读他重要的加密后的紧急邮件。在这个情形中 Alice 允许 Bob 在他的假期中选择重要的加密邮件来阅读，而不是所有的加密邮件。这可以用一个代理者来转换邮件的主题中包含关键字 “紧急”的加密邮件来实现。显然传统的代理重加密无法解决这一问题，因为它只能转化所有的密文而不是根据关键字来选择满足条件的密文来转化。缺少这一灵活性被认为是代理重加密方案的缺点。

为了克服代理重加密方案的这个缺点，Weng 等在 2009 年提出了条件代理重加密的概念，其中只有符合 Alice 设定关键字的密文能够被代理者转换且被受理者解密。他们形式化定义了安全模型并且给出了随机预言模型下选择密文安全的条件代理重加密方案。此外他们留下了一个公开问题，即怎样构建匿名的 CCA 安全的条件代理重加密方案。随后，Vivek 等提出了更有效的 C-PRE 方案。

6.1　带关键字搜索的匿名条件代理重加密方案定义

本节将给出带关键字搜索的条件代理重加密方案的定义以及安全性定义。条件代理重加密方案包括三个参与方：授权者(称为用户 U_i)、代理者、受理者(称为用户 U_j)。带条件关键字 w 的消息被发送者用 U_i 的公钥加密发送给用户 U_i。为了授权 U_j 能够解密和 w 相应的消息，U_i 给代理者一个部分重加密密钥 $r_{i,j}$ 和条件关键字 w 相应的条件密钥 $\mathrm{rk}_{i,w}$。这两个密钥形成了代理者转换密文所用的秘密陷门。代理者不能转化不满足条件关键字的密文。因此，通过条件密钥，用户 U_i 可以对委托进行灵活的控制。存在的一个问题是当条件 w 包含在密文中时，代理者怎样才能知道哪个条件密钥能够应用？为了解决这个问题，需要在重加密算法中加入一个测试(关键字搜索)，如果测试结果是“1”，则表示密文中的条件 w 和条件密钥相匹配。

定义 6.1　带关键字搜索的条件代理重加密(C-PRE)。

一个(单跳，即只可以重加密一次)条件代理重加密方案包括以下几个算法。

(1) GloSetup(λ)。GlobalSetup 算法是可信方执行的，输入安全参数 λ，输出全局参数 GP。

(2) KeyGen(i)。密钥产生算法产生用户 i 的公钥 pk_i 和私钥 sk_i。

(3) $\mathrm{RKeyGen}(\mathrm{sk}_i,\mathrm{pk}_j)$。部分重加密密钥产生算法，是用户 i 执行的。输入私钥 sk_i 和公钥 pk_j，输出部分重加密密钥 $\mathrm{rk}_{i,j}$。

(4) $\mathrm{CKeyGen}(\mathrm{sk}_i,w)$。条件密钥产生算法，是用户 i 执行的。输入私钥 sk_i 和条件 w，输出条件密钥 $\mathrm{ck}_{i,w}$。

(5) $\mathrm{Enc}(\mathrm{pk},m,w)$。加密算法输入公钥 pk，明文 $m\in M$ 和条件 w。输出公钥 pk 加密的和 w 相应的原始密文。这里，M 表示消息域。

(6) $\mathrm{ReEnc}(\mathrm{CT}_i,\mathrm{rk}_{i,j},\mathrm{ck}_{i,w})$。重加密算法是代理者执行的，输入和 w 相应用 pk_i 加密的条件密文 CT_i，部分重加密密钥 $\mathrm{rk}_{i,j}$、条件密钥 $\mathrm{ck}_{i,w}$。首先运行 $\mathrm{Test}(\mathrm{CT},\mathrm{ck}_{i,w})$，如果测试结果为“1”，输出用公钥 pk_j 加密的重加密密文 CT_j，如果测试结果为“0”，输出出错符号⊥。

(7) $\mathrm{Dec1}(\mathrm{CT}_i,\mathrm{sk}_i)$。第一阶段解密算法输入私钥 sk_i、密文 CT_i，输出消息 $m(m\in M)$ 或者出错符号⊥。

(8) $\mathrm{Dec2}(\mathrm{CT}_j,\mathrm{sk}_j)$。第二阶段解密算法输入私钥 sk_j 和用 pk_j 重加密的密文，输出消息 $m(m\in M)$ 或者出错符号⊥。

为了简便，我们省略了公共参数 GP 为其他算法的输入。条件代理重加密方案的正确性指任何条件 w，消息 m，$(\mathrm{pk}_i,\mathrm{sk}_i)\leftarrow\mathrm{KeyGen}(i)$，$(\mathrm{pk}_i,\mathrm{sk}_i)\leftarrow\mathrm{KeyGen}(j)$，$\mathrm{CT}_i=\mathrm{Enc}(\mathrm{pk},m,w)$，满足

$$\Pr[\mathrm{CDec1}(\mathrm{CT}_i,\mathrm{sk}_i)=m]=1$$

且

$$\Pr[\mathrm{Dec2}(\mathrm{ReEnc}(\mathrm{CT}_i,\mathrm{RKeyGen}(\mathrm{sk}_i,\mathrm{pk}_j),\mathrm{CKeyGen}(\mathrm{sk}_i,w)),\mathrm{sk}_j)=m]=1$$

假设有条件 w' 和用户 j'，令 $w\neq w'$，$j\neq j'$。ε 是可忽略的，于是有

$$\Pr[\mathrm{Dec2}(\mathrm{ReEnc}(\mathrm{CT}_i,\mathrm{RKeyGen}(\mathrm{sk}_i,\mathrm{pk}_j),\mathrm{CKeyGen}(\mathrm{sk}_i,w')),\mathrm{sk}_j)=\perp]=1-\varepsilon$$

且

$$\Pr[\mathrm{Dec2}(\mathrm{ReEnc}(\mathrm{CT}_i,\mathrm{RKeyGen}(\mathrm{sk}_i,\mathrm{pk}_j),\mathrm{CKeyGen}(\mathrm{sk}_i,w)),\mathrm{sk}_j)=\perp]=1-\varepsilon$$

接下来将给出条件代理重加密方案的基于游戏的安全模型。本书的定义跟其他文献一样考虑由挑战者产生一些公钥。令挑战公钥、腐化的用户和诚实用户在游戏开始之前确定下来。另外，本书允许攻击者适应地查询重加密预言机和解密预言机。

定义 6.2（CPRE-IND-ANON-RCCA 游戏）　λ 是安全参数，A 是攻击者。考虑下面两个游戏。i^* 是挑战用户。

游戏 1：IND-RCCA。

(1) 系统建立。挑战者 C 执行公共参数产生算法 $\text{GloSetup}(\lambda)$ 产生公共参数 GP，给攻击 A 者公共参数 GP。

(2) 查询阶段 1。攻击者 A 做如下查询。

① 非腐化的密钥生成查询 $<i>$。挑战者首先执行 $\text{KeyGen}(i)$ 来获得公、私钥对 $(\text{pk}_i,\text{sk}_i)$，发送 pk_i 给攻击者 A。

② 腐化的密钥生成查询 $<j>$。挑战者首先执行 $\text{KeyGen}(j)$ 来获得公、私钥对 $(\text{sk}_j,\text{pk}_j)$，发送 $(\text{sk}_j,\text{pk}_j)$ 给攻击者 A。

③ 部分重加密密钥查询 $<\text{pk}_i,\text{pk}_j>$。挑战者运行 $\text{RKeyGen}(\text{sk}_i,\text{pk}_j)$ 产生部分重加密密钥 $\text{rk}_{i,j}$ 并且返回给 A。这里 sk_i 是 pk_i 所对应的私钥。这里要求 pk_i、pk_j 在之前的 KeyGen 算法中产生。

④ 条件密钥查询 $<\text{pk}_i,w>$。挑战者运行 $\text{CKeyGen}(\text{sk}_i,w)$，产生条件密钥 $\text{ck}_{i,w}$，并且返回给 A。这里要求 pk_i 在之前的 KeyGen 算法中产生。

⑤ 重加密查询 $<\text{pk}_i,\text{pk}_j,(w,\text{CT}_i)>$。$C$ 运行算法：

$$\text{CT}_j=\text{ReEnc}(\text{CT}_i,\text{RKeyGen}(\text{sk}_i,\text{pk}_j),\text{CKeyGen}(\text{sk}_i,w))$$

返回结果密文 CT_j 给 A。这里要求 pk_i、pk_j 在之前的 KeyGen 算法中产生。

⑥ 解密查询 $<\text{pk}_i,(w,\text{CT}_i)>$。这里 $<\text{pk}_i,(w,\text{CT}_i)>$ 表示原始密文的解密查询。挑战者返回 $\text{Dec1}(\text{CT}_i,\text{sk}_i)$ 的结果给 A。这里要求 pk_i 在之前的 KeyGen 算法中产生。

⑦ 解密查询 $<\text{pk}_j,(w,\text{CT}_j)>$。这里 $<\text{pk}_j,(w,\text{CT}_j)>$ 表示对重加密密文的解密查询。挑战者返回 $\text{Dec2}(\text{CT}_j,\text{sk}_j)$ 的结果给 A。这里要求 pk_j 在之前的 KeyGen 算法中产生。

(3) 挑战。一旦 A 决定查询阶段 1 结束，他输出挑战条件 w^* 和两个相同长度的明文 (m_0,m_1)。挑战者随机地选择 $b\in\{0,1\}$，并且设置挑战密文 $\text{CT}^*=\text{Enc}(\text{pk}_{i^*},m_b,w^*)$，发送给 A。

(4) 查询阶段 2。A 的查询与阶段 1 相同。

(5) 猜测。攻击者输出他的猜测 b'，如果 $b=b'$，则攻击者获得胜利。

在上述的游戏中，A 受到以下限制。

(1) A 不能对 $<i^*>$ 做腐化密钥查询，来获得目标的私钥 sk_i。

(2) A 既不能对 $<\text{pk}_{i^*},(w^*,\text{CT}^*)>$ 做解密查询，也不能对 $<\text{pk}_j,\text{CT}_j>$ 做解密查询，其中 $<\text{pk}_j,\text{CT}_j>$ 是挑战对 $<\text{pk}_{i^*},(w^*,\text{CT}^*)>$ 的派生物。$<\text{pk}_{i^*},(w^*,\text{CT}^*)>$ 的派生物定义为 $\text{Dec1}<\text{pk}_j,\text{CT}_j>\in\{m_0,m_1\}$ 或者 $\text{Dec2}<\text{pk}_j,\text{CT}_j>\in\{m_0,m_1\}$。

(3) 如果 pk_j 先前做过腐化密钥查询，则 A 不能对 $<\text{pk}_{i^*},\text{pk}_j,(w^*,\text{CT}^*)>$ 做重加密查询。

(4) 如果 pk_j 先前做过腐化密钥查询，则 A 不能获得部分重加密密钥 $r_{i,j}$。

我们记上述的攻击者为 IND-RCCA 攻击者，他的优势定义为

$$\mathrm{Succ}_A^{\mathrm{Game}_1}(\lambda)=\left|\Pr[b'=b]-1/2\right|$$

游戏 2： IND-ANON-RCCA。

(1) 系统建立。挑战者 C 执行公共参数产生算法 $\mathrm{GloSetup}(\lambda)$ 产生公共参数 GP，给攻击 A 者公共参数 GP。

(2) 查询阶段 1。和游戏 1 一样。

(3) 挑战。一旦 A 决定查询阶段 1 结束，他输出条件对 (w_0,w_1) 和两个相同长度的明文 (m_0,m_1)。挑战者 C 随机地选择 $b\in\{0,1\}$，并且设置挑战密文 $\mathrm{CT}^*=\mathrm{Enc}(\mathrm{pk}_{i^*},m_b,w_b)$，发送给 A。

(4) 查询阶段 2。A 的查询与阶段 1 相同。

(5) 猜测。攻击者输出他的猜测 b'，如果 $b=b'$，则攻击者获得胜利。

游戏 2 中攻击者 A 的限制和游戏 1 相似。

(1) A 不能对 $<i^*>$ 做腐化密钥查询，来获得目标的私钥 sk_i。

(2) A 既不能对 $<\mathrm{pk}_{i^*},(w^*,\mathrm{CT}^*)>$，$w^*\in\{w_0,w_1\}$ 做解密查询，也不能对 $<\mathrm{pk}_j,\mathrm{CT}_j>$ 做解密查询，其中 $<\mathrm{pk}_j,\mathrm{CT}_j>$ 是挑战密文 $<\mathrm{pk}_{i^*},(w^*,\mathrm{CT}^*)>$ 派生的。

(3) 如果 pk_j 先前做过腐化密钥查询，则 A 不能对 $<\mathrm{pk}_{i^*},\mathrm{pk}_j,(w^*,\mathrm{CT}^*)>$，$w^*\in\{w_0,w_1\}$ 做重加密查询。

(4) A 不能获得条件密钥 $\mathrm{ck}_{i^*w^*}$，$w^*\in\{w_0,w_1\}$。

记上述的攻击者为 IND-ANON-RCCA 攻击者，他的优势定义为

$$\mathrm{Succ}_A^{\mathrm{Game}_2}(\lambda)=|\Pr[b'=b]-1/2|$$

如果 $\mathrm{Succ}_A^{\mathrm{Game}_1}(\lambda)=|\Pr[b'=b]-1/2|$ 和 $\mathrm{Succ}_A^{\mathrm{Game}_2}(\lambda)=|\Pr[b'=b]-1/2|$ 是可忽略的，则称条件代理重加密方案是 CPRE-IND-ANON-RCCA 安全的。

6.2　带关键字搜索的匿名条件代理重加密方案构造

受 Weng 等原始方案的启发，本节首先给出匿名条件代理重加密定义，然后引入带关键字搜索公钥加密技术来实现匿名条件代理重加密。

6.2.1　带关键字搜索的匿名条件代理重加密方案概述

带关键字搜索的匿名条件代理重加密方案(AC-PRES)描述如下。

(1) $\mathrm{GloSetup}(\lambda)$。$\lambda$ 是安全参数，(p,g,G_1,G_2,e) 是双线性对的参数。产生 $u,v\in G_1$ 和强不可伪造一次签名 $\mathrm{Sig}=(G,S,V)$。消息域为产生 $u,v\in G_1$ 和强不可伪造一次签名

$\text{Sig}=(G,S,V)$。消息域为 G_2，条件域为 Z_p^*。公共参数为 $\text{GP}=(p,g,G_1,G_2,e,u,v,\text{Sig})$。

(2) KeyGen(i)。用户 i 选择随机数 $x_i,y_i,a_0,a_1,a_2\in Z_p^*$，计算 $X_i=g^{x_i}$，$Y_i=g^{y_i}$，$h_k=g^{a_k}$。设置他的公钥为 $\text{pk}_i=(X_i,Y_i,\{h_k\}_{k\in\{0,1,2\}})$，私钥为 $\text{sk}_i=(\text{pk}_i,x_i,y_i,a_0,a_1,a_2)$。

(3) RKeyGen(sk_i,pk_i)。给定用户 i 的私钥 $\text{sk}_i=(\text{pk}_i,x_i,y_i)$ 和用户 j 的公钥，产生单向的部分重加密密钥 $\text{rk}_{i,j}=X_j^{1/x_i}$。

(4) CKeyGen(sk_i,w)。给定用户 i 的私钥 sk_i 中的 x_i 和条件 $w\in Z_p^*$，选择三个随机数 $s_k\in Z_p^*$，计算 $d_k=(h_k g^{-s_k})^{1/(y_i-w)}$，设置条件密钥为 $\text{ck}_{i,w}=(d_k,s_k)_{k\in\{0,1,2\}}$。

(5) Enc(pk_i,m,w)。为了用公钥 pk_i 和条件 $w\in Z_p^*$ 加密消息 $m\in G_2$，发送者做如下步骤。

① 选择强不可伪造签名，令密钥对为 $(\text{ssk},\text{svk})\leftarrow G(\lambda)$，设置 $C_1=\text{svk}$。

② 随机选择 $r\in Z_p^*$，计算 $C_2=X_i^r$，$C_3=e(g,g)^r m$，$C_4=(u^{\text{svk}}v)^r$。

③ 对 (C_3,C_4) 产生强不可伪造一次签名 $\sigma=S(\text{ssk},(C_3,C_4))$。平常密文 $\text{CR}_i=(C_1,C_2,C_3,C_4,\sigma)$。

④ 随机选择 $r'\in Z_p^*$，计算：

$$K=e(g,h_0)^{r'} C_3'=C_3\cdot K$$

$$C_5=(Y_i g^{-w})^{r'},\quad C_6=e(g,g)^{r'}$$

$$t=H(C_3',C_5,C_6),\quad C_7=e(g,h_1)^{r't}e(g,h_2)^{r'}$$

⑤ 对 $(C_1,C_2,C_3',C_4,\sigma,C_5,C_6,C_7)$ 产生另外一个强不可伪造一次签名：$\sigma'=S(\text{ssk},(C_1,C_2,C_3',C_4,\sigma,C_5,C_6,C_7))$。

⑥ 条件密文(原始密文)：$\text{CT}_i=(C_1,C_2,C_3',C_4,\sigma,C_5,C_6,C_7,\sigma')$

(6) ReEnc($\text{CT}_i,\text{rk}_{i,j},\text{ck}_{i,w}$)。输入(部分)重加密密钥 $\text{rk}_{i,j}=X_j^{1/x_i}$，条件密钥 $\text{ck}_{i,w}=(d_k,s_k)_{k\in\{0,1,2\}}$ 和条件密文 $\text{CT}_i=(C_1,C_2,C_3',C_4,\sigma,C_5,C_6,C_7,\sigma')$。首先运行 Test($\text{CT}_i,\text{ck}_{i,w}$)，计算 $t=H(C_3',C_5,C_6)$，测试下面式子是否成立。

$$V(C_1,\sigma'(C_1,C_2,C_3',C_4,\sigma,C_5,C_6,C_7))=1$$

$$C_7=e(C_5,d_1^t d_2)C_6^{s_1t+s_2}$$

如果检查失败输出“0”，否则输出“1”。如果检查结果是“1”，计算：

$$K=e(C_5,d_0)C_6^{s_0},C_3=C_3'/K$$

这样得到平常密文 $\text{CR}_i=(C_1,C_2,C_3,C_4,\sigma)$，通过测试下面几个条件检查后者的合法性。

$$e(C_2,u^{c_1}v)=e(X_i,C_4)$$

$$V(C_1,\sigma,(C_3,C_4))=1$$

如果成立，CT_i 被重加密。随机选择 $t\in Z_p^*$，计算：

$$C_2'=X_i^t,\quad C_2''=rk_{ij}^{1/t}=g^{(x_j/x_i)t^{-1}},\quad C_2'''=C_2^t=X_i^r$$

重加密密文为 $\mathrm{CT}_j=\left(C_1,C_2',C_2'',C_2''',C_3,C_4,\sigma\right)$。如果不成立输出出错符号⊥。

(7) $\mathrm{Dec1}(\mathrm{CT}_i,\mathrm{sk}_i)$。输入私钥 sk_i，条件密文 CT_i，分解密文 $\mathrm{CT}_i=(C_1,C_2,C_3',C_4,\sigma,C_5,C_6,C_7,\sigma')$。如果 $V(C_1,\sigma'(C_1,C_2,C_3',C_4,\sigma,C_5,C_6,C_7))=1$，计算 $t=H(C_3',C_5,C_6)$，测试 $C_7=C_6^{a_1t+a_2}$ 等式两边是否相等，如果检查失败输出⊥，否则计算 $C_3=C_3'/(C_6^{a_0})$。因此得到平常密文 $\mathrm{CR}_i=(C_1,C_2,C_3,C_4,\sigma)$，如果平常密文符合条件(1)和(2)，用户 i 能够获得 $m=C_3/e(C_2,g)^{1/x_i}$。否则算法输出⊥。

(8) $\mathrm{Dec2}(\mathrm{CT}_j,\mathrm{sk}_j)$。输入私钥 sk_j 和重加密的密文 $\mathrm{CT}_j=(C_1,C_2',C_2'',C_2''',C_3,C_4,\sigma)$，重加密密文的合法性通过如下测试来检查：

$$e(C_2',C_2'')=e(X_j,g)$$

$$e(C_2''',u^{C_1}v)=e(C_2',C_4)$$

$$V(C_1,\sigma,(C_3,C_4))=1$$

如果等式都成立，输出明文：

$$m=C_3/e(C_2'',C_2''')^{1/x_i}$$

否则算法输出出错符号⊥。

正确性：接下来验证正确产生的原始/重加密密文能够被正确地解密。这里还需要证明被不拥有正确的加密密钥或者条件密钥的代理者加密的重加密密文不能被受理者解密。给定用关键字 w 和公钥 $\mathrm{pk}_i=(X_i,Y_i,\{h_k\}_{k\in\{0,1,2\}})$ 加密的原始条件密文 $\mathrm{CT}_i=(C_1,C_2,C_3',C_4,\sigma,C_5,C_6,C_7,\sigma')$ 分以下两种情况。

情况 1(不正确的条件密钥)假设代理者拥有部分重加密密钥 $\mathrm{rk}_{i,j}=X_j^{1/x_i}$ 和条件密钥 $\mathrm{ck}_{i,w'}=(d_k,s_k)_{k\in\{0,1,2\}}$，$d_k=(h_kg^{-s_k})^{1/(y_i-w')}$ 且 $w\neq w'$。令 $C_5=(Y_ig^{-w})^{r'}$，$C_6=e(g,g)^{r'}$，$t=H(C_3',C_5,C_6)$，$C_7=e(g,h_1)^{r't}e(g,h_2)^{r'}$，于是有

$$\begin{aligned}
&e(C_5,(d_1')^t(d_1'))C_6^{s_1't+s_2'}\neq e(g,h_1)^{r't}e(g,h_2)^{r'}=C_7\\
\Leftrightarrow\ &e\left(g^{(y_i-w)r'},(g^{(a_1-s_1')/(y_i-w')})\right)^t e\left(g^{(y_i-w)r'},g^{(a_2-s_2')(y_i-w')}\right)e(g,g)^{r'(s_1't+s_2')}\neq C_7\\
\Leftrightarrow\ &e(g,g)^{r'(y_i-w)/(y_i-w')((a_1-s_1')t+(a_2-s_2'))}e(g,g)^{r'(s_1't+s_2')}\neq e(g,g)^{(a_1t+a_2)r'}\\
\Leftrightarrow\ &((a_1t+a_2)r'((y_i-w)/(y_i-w)-1))-((s_1't+s_2')r'((y_i-w)/(y_i-w')-1))\neq 0\\
\Leftrightarrow\ &(a_1t+a_2-s_1't-s_2')r'((w'-w)/(y_i-w'))\neq 0
\end{aligned}$$

因为 s_1'、s_2' 是随机选的，a_1、a_2、y_i 是私钥，所以，$a_1t+a_2-s_1't-s_2'\neq 0$，$w'-w\neq 0$，$(y_i-w')\neq 0$。

情况 2(不正确的重加密密钥)假设代理者拥有部分重加密密钥 $\mathrm{rk}_{i,j'}=X_{j'}^{1/x_i}$ 和条件密钥 $\mathrm{ck}_{i,w}=(d_k,s_k)_{k\in\{0,1,2\}}$，$d_k=(h_kg^{-s_k})^{1/(y_i-w)}$ 且 $j\neq j'$。运行 $\mathrm{ReEnc}(\mathrm{CT}_i,\mathrm{rk}_{i,j'},\mathrm{ck}_{i,w})$ 将密文 CT_i 转换成用户 j 的密文。分解 $\mathrm{CT}_j=(C_1,C_2',C_2'',C_2''',C_3,C_4,\sigma)$。令 $C_2'=X_i^t$，$C_2''=rk_{ij'}^{1/t}=g^{(x_{j'}/x_i)t^{-1}}$，$C_2'''=C_2^t=X_i^{rt}$。当面临解密算法时显然不能通过合法性检查，因为 $e(C_2'',C_2''')\neq e(X_i,g)$。

安全性直觉：$\mathrm{CR}_i=(C_1,C_2,C_3,C_4,\sigma)$，重加密密文 $\mathrm{CT}_j=(C_1,C_2',C_2'',C_2'''C_3,C_4,\sigma)$，这和 Libert 等的方案一样。唯一的区别是在条件密文(原始密文) $\mathrm{CT}_i=(C_1,C_2,C_3',C_4,\sigma,C_5,C_6,C_7,\sigma')$ 中的 (C_3',C_5,C_6,C_7)，然而，(C_3',C_5,C_6,C_7) 是身份 w 的 Gentry 的 CCA 安全 IBE 方案的核心部分，这是 IND-ANON-CCA 安全的。

6.2.2 带关键字搜索的匿名条件代理重加密方案的安全性

本节将分析上述方案不需要随机预言机的 CPRE-IND-ANON-RCCA 安全性，分为游戏 1 和游戏 2 进行分析。

定理 6.1 假设 3-QDBDH 问题和 q-ABDHE 问题是难解的，上述方案是标准模型下 CPRE-IND-ANON-RCCA 安全的。

引理 1 假设存在 IND-RCCA 攻击者能够攻击本书的方案，则存在算法 B 能够解决 3-QDBDH 问题。引理 1 的证明和 Libert 和 Vergnaud 方案相似。为了证明引理 1，首先证明一个断言。

断言：3-QDBDH 困难性假设等价于给定 $(g,g^{1/a},g^a,g^{a^2},g^b)$ 判定 T 等于 $e(g,g)^{b/a^2}$ 还是一个随机值。

证明 给定 $(g,g^{1/a},g^a,g^{a^2},g^b)$，我们通过设置：$y=g^{1/a}$，$y^x=g$，$y^{x^2}=g^a$，$y^{x^3}=g^{a^2},y^z=b$ 建立 3-QDBDH 实例，这隐含 $x=a,z=ab$。然后我们有 $e(g,g)^{z/x}=e(g^{1/a},g^{1/a})^{(ab)/a}=e(g,g)^{b/a^2}$，这个转换很容易建立，并意味着这两个问题的等价性。到此完成断言的证明。

引理 1 的证明 假设存在 PPT 攻击者 T 能够攻击本书的方案，则存在模拟者能够解决修改的 3-QDBDH 问题，模拟如下。

挑战者首先设置群 G_1、G_2，有效的双线性对 e，以及群 G_1 的生成元 g。模拟者输入一个 q-ABDHE 问题实例 $(A_{-1}=g^{1/a},A_1=g^a,A_2=g^{a^2},B=g^b,T)$，模拟者 B 的目的是区分 $T=e(g,g)^{b/a^2}$ 或者 T 是群 G_2 中的一个随机数。

$\mathrm{CT}^*=(C_1^*,C_2^*,C_3'^*,C_4^*,\sigma^*,C_5^*,C_6^*,C_7^*,\sigma'^*)$ 表示游戏中发送给 A 的挑战密文。事件 F_{OTS} 表示 A 对密文 $\mathrm{CT}^*=(C_1^*,C_2,C_3',C_4,\sigma\ ,C_5,C_6,C_7,\sigma')$ 做解密查询和重加密查询，

但是$V(C_1^*,\sigma',(C_1,C_2,C_3',C_4,\sigma,C_5,C_6,C_7))=1$或者$V(C_1^*,\sigma(C_3,C_4))=1$。在阶段 1，$A$不知道关于$\text{svk}^*$的任何信息，因此先前挑战事件$F_{\text{OTS}}$发生的概率不超过$q_k\theta$。$q_k$为测试查询的总次数，$\theta$为强不可伪造一次签名的验证密钥$\text{svk}^*$出现的最大概率(不超过$1/p$)。在阶段 2，$F_{\text{OTS}}$给出了一个破坏强不可伪造一次签名的算法。因此$\Pr[F_{\text{OTS}}]\leqslant q_k/p+\text{Adv}^{\text{OTS}}$，不等号右边第二项是强不可伪造一次签名被破坏的概率，因此也是可忽略的。

现在给出B模拟的详细描述，当F_{OTS}发生时，B停止并输出一个随机的比特位。在准备阶段，B产生强不可伪造一次签名对$(\text{ssk}^*,\text{svk}^*)\leftarrow G(\lambda)$，提供给$A$公共参数，包括$u=A_1^{\alpha_1}$，$v=A_1^{-\alpha_1\text{svk}^*}A_2^{\alpha_2}$，$\alpha_1$、$\alpha_2$是随机的且$\alpha_1,\alpha_2\in Z_p^*$。接下来，用HU表示诚实参与方集合，包括指定公钥$\text{pk}_{i^*}$的用户$i^*$，CU是腐化参与方集合。公共参数为整个游戏过程中$A$的环境模拟如下。

(1)系统建立。λ是安全参数，(p,g,G_1,G_2,e)是双线性对的参数，$u=A_1^{\alpha_1}$，$v=A_1^{-\alpha_1\text{svk}^*}A_2^{\alpha_2}$，$\alpha_1$、$\alpha_2$是随机的且$\alpha_1,\alpha_2\in Z_p^*$。产生强不可伪造一次签名$\text{Sig}=(G,S,V)$。公共参数为$\text{GP}=(p,g,G_1,G_2,e,u,v,\text{Sig})$。

(2)查询阶段 1。攻击者A做如下查询。

① 非腐化的密钥生成查询$<i>$。诚实用户$i\in\text{HU}\setminus\{i^*\}$的公钥定义为$X_i=(g^a)^{x_i}=g^{ax_i}$，其中$x_i\in Z_p^*$是随机的。随机选择$y_i,a_0,a_1,a_2\in Z_p^*$，计算$Y_i=g^{y_i}$，$h_k=g^{a_k}$。设置公钥为$\text{pk}_i=(X_i,Y_i,\{h_k\}_{k\in\{0,1,2\}})$，发送给$A$。

② 腐化的密钥生成查询$<j>$。腐化用户$j\in\text{CU}$，选择随机数$x_i,y_i,a_0,a_1,a_2\in Z_p^*$，计算$X_j=g^{x_j}$，$Y_i=g^{y_j}$，$h_k=g^{a_k}$。设置他的公钥为$\text{pk}_j=(X_j,Y_j,\{h_k\}_{k\in\{0,1,2\}})$，私钥为$\text{sk}_j=(\text{pk}_j,x_j,y_j,a_0,a_1,a_2)$，发送$(\text{pk}_j,\text{sk}_j)$给$A$。

③ 部分重加密密钥查询$<\text{pk}_i,\text{pk}_j>$。$B$必须要区分下面几种情况：

a．若$i\in\text{CU}$，B知道$\text{sk}_i=(\text{pk}_i,x_i,y_i,a_0,a_1,a_2)$给定$X_j$，很容易输出单向重加密密钥$\text{rk}_{i,j}=X_j^{1/x_i}$。

b．若$i\in\text{HU}\setminus\{i^*\}$且$j=i^*$，$B$返回合法的重加密密钥$rk_{i,i^*}=(g^{1/a})^{x_i/x_i{}^*}=g^{(ax_i)/(a^2x_i)}$。

c．若$i=i^*,j\in\text{HU}\setminus\{i^*\}$，$B$返回正确的分布$\text{rk}_{i^*,i}=(g^{1/a})^{x_i/x_i{}^*}=g^{(ax_i)/(a^2x_i)}$。

d．若$i,j\in\text{HU}\setminus\{i^*\}$，$B$返回$\text{rk}_{i,j}=g^{x_j/x_i}=g^{(ax_j)/(ax_i)}$。

e．若$i\in\text{HU}\setminus\{i^*\},j\in\text{CU}$，$B$返回可计算的$\text{rk}_{i^*,j}=(g^{1/a})^{x_j/x_i}=g^{x_j/(ax_i)}$。

f．条件密钥查询$<\text{pk}_i,w>$。B随机选择$s_k\in Z_p^*$，计算：

$$d_k=(h_kg^{-s_k})^{1/(y_i-w)}$$

设置$\text{ck}_{i,w}=(d_k,s_k)_{k\in\{0,1,2\}}$。

④ 重加密查询$<\text{pk}_i,\text{pk}_j,(w,\text{CT}_i)>$。对某个条件密文$\text{CT}_i=(C_1,C_2,C_3',C_4,\sigma,C_5,$

$C_6, C_7, \sigma')$ 做从用户 i 到 j 的重加密查询时，条件密钥为 $\mathrm{ck}_{i,w}=(d_k, s_k)_{k\in\{0,1,2\}}$，计算 $t=H(C_3', C_5, C_6)$，测试下面的式子是否成立：

$$V(C_1, \sigma'(C_1, C_2, C_3', C_4, \sigma, C_5, C_6, C_7))=1$$

$$C_7=e(C_5, d_1^t d_2)C_6^{s_1 t+s_2}$$

如果检查失败输出 ⊥，否则计算：

$$K=e(C_5, d_0)C_6^{s_0}, \quad C_3=C_3'/K$$

这样得到平常密文 $\mathrm{CR}_i=(C_1, C_2, C_3, C_4, \sigma)$，通过测试下面几个条件检查后者的合法性。

$$e(C_2, u^{C_1}v)=e(X_i, C_4)$$

$$V(C_1, \sigma, (C_3, C_4))=1$$

如果有等式不成立，则 B 返回 ⊥。

⑤ 如果 $i=i^*$ 或者如果 $i=i^*, j\in \mathrm{HU}\setminus\{i^*\}$，两种情况下 B 用重加密密钥 $\mathrm{rk}_{i,j}$ 加密。

⑥ 如果 $i=i^*$ 且 $j\in\mathrm{CU}$：

a．如果 $C_1=\mathrm{svk}^*$，并且 $(C_1, C_2, C_3', C_4, \sigma, C_5, C_6, C_7, \sigma')\neq(C_1^*, C_2^*, C_3'^*, C_4^*, \sigma^*, C_5^*, C_6^*, C_7^*, \sigma'^*)$，$B$ 面临事件 F_{OTS} 发生，停止游戏。

b．剩下最后一种情况：$C_1\neq\mathrm{svk}^*$，$i=i^*$，$j\in\mathrm{CU}$。当给定 C_2^{1/x_i^*} 时，$C_4=(u^{\mathrm{svk}}v)^r=((g^a)^{\alpha_1(\mathrm{svk}-\mathrm{svk}^*)}(g^{a^2})^{\alpha_2})^r$，$B$ 能够计算：$(A_1)^r=(g^a)^r=(C_4/(C_2^{\alpha_2/x_i^*}))^{1/(\alpha_1(s)k-\mathrm{svk}^*)}$，知道 $(A_1)^r$ 和用户 j 的私钥，B 随机选择 $t\in Z_p^*$，计算 $C_2'=(A_1)^t=g^{at}$，$C_2''=(A_{-1})^{x_j/t}=(g^{1/a})^{x_j/t}$，$C_2'''=(A_1)^{rt}=X_i^{rt}$。返回正确的密文 $C_j=(C_1, C_2', C_2'', C_2''' C_3, C_4, \sigma)$。

⑦ 解密查询 $<\mathrm{pk}_i, \mathrm{CT}_i>$ 或者 $<\mathrm{pk}_j, \mathrm{CT}_j>$。如果 $<\mathrm{pk}_i, \mathrm{CT}_i>$ 表示对原始条件代理重加密密文 $\mathrm{CT}_j=\left(C_1, C_2', C_2'', C_2''' C_3, C_4, \sigma\right)$ 的解密查询。用如下测试检查重加密密文的合法性。

$$e(C_2', C_2'')=e(X_j, g)$$

$$e(C_2''' u^{C_1}v)=e(C_2', C_4)$$

$$V(C_1, \sigma, (C_3, C_4))=1$$

如果有等式不成立，则返回 ⊥。假设 $j\in\mathrm{HU}$，因为其他情况下 B 知道私钥，无须做解密查询。

首先假设 $C_1=C_1^*=\mathrm{svk}^*$。

如果 $(C_3, C_4, \sigma)\neq(C_2'^*, C_4^*, \sigma^*)$，$B$ 面临事件 F_{OTS} 发生，停止游戏。

如果 $(C_3, C_4, \sigma)=(C_3'^*, C_4^*, \sigma^*)$，$B$ 输出 ⊥ 表示 $<\mathrm{pk}_j, \mathrm{CT}_j>$ 是 $<\mathrm{pk}_{i^*}, \mathrm{CT}^*>$ 派生

的。事实上和阶段 2 一样，对于同样的隐藏指数 r，必须有 $e(C_2'', C_2''') = e(g, X_j)^r$。

⑧ 如果 $j \in \mathrm{HU} \setminus \{i^*\}$，对于知道的 $X_j \in Z_p^*$，$X_j = g^{ax_j}$。密文的合法性确保了对于某个 $r \in Z_p^*$，满足

$$e(C_2'', C_2''') = e(g, X_j)^r = e(g, g)^{arx_j}$$

$$C_4 = (u^{\mathrm{svk}} v)^r = ((g^a)^{\alpha_1(\mathrm{svk}-\mathrm{svk}^*)}(g^{a^2})^{\alpha_2})^r$$

因此

$$e(C_4, A_{-1}) = e(C_4, g^{1/a}) = e(g, g)^{\alpha_1 r(\mathrm{svk}-\mathrm{svk}^*)} e(g, g)^{a\alpha_2 r}$$

且

$e(g,g)^r = ((e(C_4, A_{-1})) / (e(C_2'' C_2'''))^{\alpha_2 / x_j})^{1/(\alpha_1(\mathrm{svk}-\mathrm{svk}^*))}$，很容易计算出明文 m。

⑨ 如果 $j = i^*$，对于知道的指数 $x_{i^*} \in Z_p^*$，有 $X_j = g^{a^2 x_i}$。因为

$$e\left(C_2'', C_2'''\right) = e(g, X_{i^*})^r = e(g, g)^{a^2 r x_i *}$$

$$e(C_4, g) = e(g, g)^{a\alpha_1 r(\mathrm{svk}-\mathrm{svk}^*)} e(g, g)^{a^2 \alpha_2 r}$$

B 首先获得 $\gamma = e(g,g)^{ar} = ((e(C_4, g)) / (e(C_2'', C_2'''))^{\alpha_2 / x_i *})^{1/(\alpha_1(\mathrm{svk}-\mathrm{svk}^*))}$，连同关系 $e(C_4, A_{-1}) = e((g,g)^{\alpha_1 r(\mathrm{svk}-\mathrm{svk}^*)}) e(g,g)^{a\alpha_2 r}$，$\gamma$ 揭示了 $e(g,g)^r = ((e(C_4, A_{-1})) / \ (\gamma)^{a^2 / x_{i^*}})^{1/(\alpha_1(\mathrm{svk}-\mathrm{svk}^*))}$，很容易计算出明文为 $m = C_3 / e(g,g)^r$。

在阶段 2，B 必须检查 m 不同于挑战消息对 m_0、m_1。根据安全模型的限制规则，如果 $m \in \{m_0, m_1\}$，B 则返回 ⊥。

(3) 挑战。一旦 A 决定查询阶段 1 结束，他输出挑战条件 w^* 和两个相同长度的明文 (m_0, m_1)。挑战 B 随机地选择 $b \in \{0,1\}$，并且设置挑战密文如下。

① 设置 $C_1^* = \mathrm{svk}^*$。

② 计算 $C_2^* = B^{x_{i^*}}$，$C_3^* = T \cdot m_b$，$C_3^* = B^{\alpha_2}$。

③ 对 (C_3^*, C_4^*) 产生强不可伪造 $\sigma^* = S(\mathrm{ssk}^*, (C_3^*, C_4^*))$。因此，平常密文为 $\mathrm{CR}_{i*} = (C_1^*, C_2^*, C_3^*, C_4^*, \sigma^*)$。

④ 随机选择 $r' \in Z_p^*$，计算：

$$K = e(g, h_0)^{r'}, \quad C_3'^* = C_3^* \cdot K$$

$$C_5^* = (Y_{i^*} g^{-w})^{r'}, \quad C_6^* = e(g, g)^{r'}$$

$$t^* = H(C_3'^*, C_5^*, C_6^*), \quad C_7^* = e(g, h_1)^{r't^*} e(g, h_2)^{r'}$$

⑤ 产生另外一个强不可伪造 $\sigma'^* = S(\mathrm{ssk}^*, (C_1^*, C_2^*, C_3'^*, C_4^*, \sigma^*, C_5^*, C_6^*, C_7^*))$。

⑥ 条件密文为 $\mathrm{CT}^* = (C_1^*, C_2^*, C_3'^*, C_4^*, \sigma^*, C_5^*, C_6^*, C_7^*, \sigma'^*)$，返回 CT^* 给 A。

(4) 查询阶段 2。A 的查询与阶段 1 相同。

(5) 猜测。攻击者输出他的猜测 b'，如果 $b=b'$，输出 1，指 $T=e(g,g)^{b/a^2}$；否则输出 0，指 $T=e(g,g)^r$。

概率分析：假设存在游戏 1 中 PPT 攻击者 A 能够在标准模型下以不可忽略的优势 ε 攻击本书的方案。现在给出模拟者 B 的概率，假设 F_{OTS} 没有发生。

因为 $(g^{a^2})^{x_{i^*}}=g^{a^2x_{i^*}}$，且 $B=g^b$，如果 $T=e(g,g)^{b/a^2}$，则 CT^* 是指数为 $r=b/a^2$，明文消息为 m_b 的合法密文；相反，如果 T 是 G_2 中一个随机数，CT^* 完美地隐藏了 m_b。A 猜出 b 的概率不会超过 $1/2$，显然有

$$\Pr[B(g,g^{1/a},g^a,g^{a_2},g^b,e(g,g)^{b/a^2})=1]$$

$$-\Pr[B(g,g^{1/a},g^a,g^{a_2},g^b,e(g,g)^r)=1]\geqslant|(1/2\pm\varepsilon)-1/2|=\varepsilon$$

是不可忽略的。至此完成引理 1 的证明。

引理 2　假设存在 IND-ANON-RCCA 攻击者能够攻击本书的方案，则存在算法 B 能够解决 q-ABDHE 问题，对所有的 $q\geqslant q_k+1$，其中 q_k 是对挑战用户的条件密钥查询的总次数。

引理 2 的证明　接下来的证明和 Genty 的 IBE 方案相似。假设在游戏中存在一个多项式时间攻击者 A 能够在标准模型下攻击本书的方案。设 q_k 是陷门查询的总次数，建立一个模拟者 B 能够解决 q-ABDHE 问题，对所有的 $q\geqslant q_k+1$。接下来，用 HU 表示诚实参与方集合，包括指定公钥 pk_{i^*} 的用户 i^*，CU 是腐化参与方集合，模拟如下。

挑战者首先设置群 G_1、G_2，有效的双线性对 e，以及群 G_1 的生成元 g。模拟者输入一个 q-ABDHE 问题实例 $(g,g^x,g^{x^2},\cdots,g^{x^q},g^z,g^{zx^{q+2}},T)$，模拟者 B 的目的是区分 $T=e(g,g)^{=zx^{q+2}}$ 或者 T 是群 G_2 中的一个随机数。

(1) 系统建立。λ 是安全参数，(p,g,G_1,G_2,e) 是双线性对的参数，产生 $u,v\in G_1$ 和强不可伪造一次签名 $\mathrm{Sig}=(G,S,V)$。公共参数为 $\mathrm{GP}=(p,g,G_1,G_2,e,u,v,\mathrm{Sig})$。

(2) 查询阶段 1。攻击者 A 做如下查询。

① 非腐化的密钥生成查询 $<i>$。挑战用户 $i=i^*$ 的公钥定义如下：B 随机选取三个 q 阶多项式 $f_k(X)$，其中 $k\in\{0,1,2\}$。定义 $\{h_{k^*}=g^{f_k(x)}\}_{k\in\{0,1,2\}}$，$Y_{i^*}=g^x$。这意味着系统的私钥为 $\{a_{k^*}=f_k(x)\}_{k\in\{0,1,2\}}$。随机选取 $x_{i^*}\in Z_p^*$，计算 $X_{i^*}=g^{x_{i^*}}$。设置挑战用户的公钥 $\mathrm{pk}_{i^*}=(X_{i_i^*},Y_{i^*},\{h_{k^*}\}_{k\in\{0,1,2\}})$，发送公钥给 A。诚实用户 $i\in\mathrm{HU}\setminus\{i^*\}$ 和密钥算法一致。这意味着模拟者 B 知道 $i\in\mathrm{HU}\setminus\{i^*\}$ 的公、私钥，发送给 A。

② 腐化的密钥生成查询 $<i>$。腐化用户 $i\in\mathrm{CU}$ 和密钥生成算法一致。这意味着模拟者 B 知道 $i\in\mathrm{CU}$ 的公、私钥，发送给 A。

③ 部分重加密密钥查询 $<\mathrm{pk}_i,\mathrm{pk}_j>$。$B$ 产生单向的重加密密钥 $\mathrm{rk}_{i,j}=X_j^{1/x_i}$，因为 B 知道所有用户私钥的 X_i 部分，因此 B 能够正确地计算。

④ 条件密钥查询 $<\mathrm{pk}_i,w>$。对于挑战用户 $i=i^*$，B 计算：

$$\{s_{w,k}=f_k(w)\}_{k\in\{0,1,2\}},\quad d_{w,k}=g^{(f_k(x)-f_k(w))/(x-w)}$$

发送条件密钥 $\mathrm{ck}_{i^*w}=\{d_{w,k},S_{w,k}\}_{k\in\{0,1,2\}}$ 给 A。当 $q\geqslant q_k+1$ 时，从 A 的视角看 $\{S_{w,\ k}=f_k(w)\}_{k\in\{0,1,2\}}$ 是随机的，因为 $f_k(X)$ 是随机的 q 阶多项式。

对于用户 $i\neq i^*$，B 随机选择 $s_k\in Z_p^*$，计算 $d_k=(h_k g^{-s_k})^{1/(y_i-w)}$，设置 $\mathrm{ck}_{i,w}=\{d_{w,k},S_{w,k}\}_{k\in\{0,1,2\}}$。

⑤ 重加密查询 $<\mathrm{pk}_i,\mathrm{pk}_j,(w,\mathrm{CT}_i)>$。因为对于所有的用户 i 和 j，B 可以计算单向重加密密钥 $\mathrm{rk}_{i,j}$ 和条件密钥 $\mathrm{ck}_{i,w}=\{d_{w,k},S_{w,k}\}_{k\in\{0,1,2\}}$，因此 B 能够正确地计算。

⑥ 解密查询 $<\mathrm{pk}_j,\mathrm{CT}_j>$。如果 $<\mathrm{pk}_j,\mathrm{CT}_j>$ 表示对重加密密文 $C_j=(C_1,C_2',C_2'',C_2''',C_3,C_4,\sigma)$ 的查询。重加密密文 C_j 的合法性检查如下：

$$e(C_2',C_2'')=e(X_j,g)$$

$$e(C_2''',u^{C_1}v)=e(C_2',C_4)$$

$$V(C_1,\sigma,(C_3,C_4))=1$$

如果等式成立，返回明文 $m=C_3/e(C_2''',C_2'')^{1/x_j}$，否则返回 $\perp$。

在阶段 2，B 必须检查 m 不同于挑战查询的 m_0、m_1。根据 CCA 安全模型限制规则，如果 $m\in\{m_0,m_1\}$，B 则返回 $\perp$。

⑦ 解密查询 $<\mathrm{pk}_j,(w,\mathrm{CT}_j)>$。如果 $<\mathrm{pk}_i,\mathrm{CT}_i>$ 表示对原始条件代理重加密的查询。B 对 $<\mathrm{pk}_i,\mathrm{pk}_j,(w,\mathrm{CT}_i)>$ 做重加密查询得到重加密密文 CT_j，然后对 $<\mathrm{pk}_j,\mathrm{CT}_j>$ 做解密查询，返回结果给 A。

(3) 挑战。一旦 A 决定查询阶段 1 结束，输出挑战条件对 (w_0,w_1) 和两个相同长度的明文 (m_0,m_1)。挑战 B 随机地选择 $b\in\{0,1\}$，并且设置 $\{s_{w_b,k}=f_k(w_b)\}_{k\in\{0,1,2\}}$，然后 B 计算 $d_{w_{b,k}}=g^{(f_k(x)-f_k(w_b))/(x-w_b)}$。

① 选择强不可伪造签名的密钥对为 $(\mathrm{ssk}^*,\mathrm{svk}^*)\leftarrow G(\lambda)$，设置 $C_1^*=\mathrm{svk}^*$。

② 随机选择 $r\in Z_p^*$，计算：

$$C_2^*=X_{i^*}^r,\quad C_3^*=e(g,g)^r m,\quad C_4^*=(u^{\mathrm{svk}^*}v)^r$$

③ 产生强不可伪造 $\sigma^*=S(\mathrm{ssk}^*,(C_3^*,C_4^*))$，密文 $\mathrm{CR}_{i^*}=(C_1^*,C_2^*,C_3^*,C_4^*,\sigma^*)$。

④ 定义 $q+1$ 阶多项式 $F^*(X)=(X^{q+2}-(w^*)^{q+2})/(X-w^*)=\sum^{q+1}(F_i^*X^i)$。计算：

$$C_5^*=g^{zx^{q+2}}(g^z)^{-(w^*)^{q+2}}$$

$$C_6^* = T^{F_{q+1}^*} e\left(g^z, \prod_{i=0}^{q} (g^{x^i})^{F_i^*}\right)$$

$$C_3'^* = C_3^* \cdot e(C_5^*, d_{w_b,0})(C_6^*)^{s_{w_b,0}}$$

$$t^* = H(C_3'^*, C_5^*, C_6^*)$$

$$C_7^* = e(C_5^*, (d_{w_b,1})^{t^*} d_{w_b,2}) \cdot (C_6^*)^{s_{w_b,1}t^* + s_{w_b,2}}$$

设 $r^* = zF^*(x)$，如果 $T = e(g,g)^{zx^{q+1}}$，那么 $C_5^* = g^{(x-w_b)r'^*} = (Y_i g^{-w_b})^{r'^*}$，$C_6^* = e(g,g)^{r'^*}$，$C_3'^* = C_3^* \cdot e(g,h_0^*)^{r'^*}$，$C_7^* = e(g,h_1^*)^{t^* r^*} e(g,h_2^*)^{r'^*}$。

⑤ 产生另外一个强不可伪造一次签名：

$$\sigma'^* = S(\text{ssk}^*, (C_1^*, C_2^*, C_3'^*, C_4^*, C_5^*, C_6^*, C_7^*))$$

⑥ 条件密文为 $\text{CT}^* = (C_1^*, C_2^*, C_3'^*, C_4^*, \sigma^*, C_5^*, C_6^*, C_7^*)$，返回 CT^* 给 A。

(4) 查询阶段 2。A 的查询与阶段 1 相同。

(5) 猜测。攻击者输出他的猜测 b'，如果 $b = b'$，输出 1，指 $T = e(g,g)^{zx^{q+1}}$；否则输出 0，指 $T = e(g,g)^r$。

概率分析：如果 $T = e(g,g)^{zx^{q+1}}$，模拟是完美的。A 正确猜出 b 的概率为 $1/2+\varepsilon$。否则 T 是一个随机数，(C_5^*, C_6^*) 是随机且相互独立。在这种情况下不等式 $C_6^* \neq e(C_5^*, g)^{1/(x-W_b)}$ 成立的概率为 $1-1/p$。当不等式成立时，有

$$K^* = e(C_5^*, d_{w_b,0})(C_6^*)^{s_{w_b,0}} = e(C_5^*, (h_0)^{1(x-w_b)})((C_6^*)/e(C_5^*, g)^{1(x-w_b)})^{S_{w_b,0}}$$

是随机的，并且从 A 的视角看是相互独立的（除了 $C_3'^*$）。因为 $S_{w_b,0}$（当 $q \geqslant q_k + 1$ 时，从 A 的视角看 $\{s_{w,k} = f_k(w)\}_{k\in\{0,1,2\}}$ 是随机的）是随机的，并且从 A 的视角看是相互独立的（除了 $C_3'^*$），因此 $C_3'^*$ 是随机且独立的，且 $(C_5^*, C_6^*, C_3'^*)$ 没有泄露 b 的任何信息。至此完成引理 2 的证明。

6.3 本章小结

本章把带关键字搜索公钥加密应用到重加密中，提出了首个标准模型下带关键字搜索的匿名条件代理重加密方案（C-PRES），回答了 Weng 等提出的构造匿名条件重加密的公开问题。

第 7 章　总结和展望

7.1　总　　结

带关键字搜索公钥加密技术的出现弥补了传统加密无法对密文进行关键字搜索的缺陷，本书重点研究这一技术。特别地，第 2 章先介绍带关键字公钥搜索加密的定义以及应用举例，同时讨论带关键字公钥搜索加密与基于身份加密的关系，并分析带关键字公钥搜索加密的应用前景。

第 3 章针对现有的无安全信道带关键字搜索公钥加密方案都是在随机预言机模型下可证安全的，而随机预言机模型下可证安全的方案在实际执行的时候可能导致不安全的问题，本书构造标准模型下的无安全信道带关键字搜索公钥加密方案。另外，本书通过增加测试查询增强了安全模型，并提出在增强的安全模型下可证安全的新方案。首次给出抗关键字猜测攻击的无安全信道带关键字搜索公钥加密方案安全模型的形式化定义，并在这一模型下构造加密方案并证明了其安全性。

第 4 章针对通常的无安全信道带关键字搜索公钥加密方案并不提供加解密数据的问题，提出一种将带关键字搜索公钥加密算法跟公钥加密算法结合的新方法，给出标准模型下高效的可解密的无安全信道带关键字搜索公钥加密方案。

第 5 章针对无安全信道带关键字搜索公钥加密方案中接收者在发出 Trapdoor 给服务者之后，无法高效地撤销发送出去的 Trapdoor 的问题，提出一种计算复杂性仅为 Trapdoor 个数的对数的撤销方式，从而可以高效地撤销已经发出的 Trapdoor。

第 6 章，针对 Weng 等在 ASIACCS 2009 年会上提出的关于构造匿名条件代理重加密方案的公开问题，本书在条件代理重加密方案中结合使用带关键字搜索公钥加密方案，使得代理重加密方案可以实现关键字搜索的功能，同时保证了关键字的隐私性。

7.2　展　　望

现有的带关键字搜索公钥加密体制有其优势，也有一定的不足，为了弥补其不足，本书已经提出了一些改进，但是仍然有很多新的问题值得思考：

(1)标准模型下的带关键字搜索公钥加密方案虽然避免了使用随机预言机，使得安全性得到了保障，但是通常效率不高，需要较大的计算量和空间花费，而计算量和空间都是在实际应用环境中十分重要的指标，因此需要更进一步研究更加高效的带关键字搜索公钥加密方案。

(2)本书提出的有效的可撤销的带关键字搜索公钥加密方案是在随机预言机模型下的，如能构造标准模型下有效的可撤销的带关键字搜索公钥加密方案会更有意义。

(3)现有的带关键字搜索公钥加密方案大多是基于双线性对的，需要进一步研究不使用双线性对的安全高效带关键字搜索公钥加密方案。

(4)可以进一步研究构造安全有效的基于身份的带关键字搜索公钥加密方案，这可能需要借助匿名层次的基于身份加密方案来构造。

(5)本书的带关键字搜索公钥加密方案只是考虑单个关键字的搜索，当需要多关键字搜索时，可以简单地连接多个单关键字搜索公钥加密方案。但是这样做的效率会是呈线性下降的，要研究是否可以直接构造高效的多关键字搜索公钥加密方案。

(6)实际应用中通常需要前缀搜索，即在很多字符串密文中搜索是否含有特定字符串为前缀的明文，因此有必要构造安全且有效的带前缀关键字搜索公钥加密方案。同样，研究构造关键字范围搜索或者关键字子集搜索也很有意义。

参考文献

Abdalla M, Bellare M, Catalano M, et al. 2005. Searchable encryption revisited: Consistency properties, relation to anonymous ibe and extensions//Proceedings of CRYPTO 2005, LNCS 3621. Heidelberg: Springer-Verlag, 205-222.

Aiello W, Lodha S.P, Ostrovsky R. 1998. Fast digital identity revocation// Proceedings of CRYPTO 1998, LNCS 1462. Heidelberg: Springer-Verlag, 137-152.

Ateniese G, Fu K, Green M, et al. 2005. Hohenberger.Improved proxy re-encryption schemes with applications to securedistributed storage//Proceedings of the 12th Annual Network and Distributed System Security Symposium, Santa Monica: 29-44.

Baek J, Safavi-Naini R, Susilo W. 2008. Public key encryption with keyword search revisited// Proceedings of Applied Cryptography and Information Security 06 (ACIS 2006), LNCS 5072. Heidelberg: Springer-Verlag, 1249-1259.

Baek J, Safavi-Naini R, Susilo W. 2006. On the integration of public key data encryption and public key encryption with keyword search//Proceedings of 9th Information Security Conference, ISC 2006, LNCS 4176.Heidelberg: Springer-Verlag, 217-232.

Baek J, Susilo W, Zhou J. 2007. New constructions of fuzzy identity-based encryption// Proceedings of the 2nd ACM Symposium on Information, Computer and Communications Security. New York: ACM Press, 368-370.

Baek J, Zheng Y. 2004. Identity-based threshold decryption, public key cryptography//Proceedings of PKC 2004, Lecture Notes in Computer Science, LNCS 2947. Heidelberg: Springer-Verlag, 262-276.

Bellare M, Boldyreva A, Desai A, et al. 2001. Key-privacy in public-key encryption //Proceedings of the 7th International Conference on the Theory and Application of Cryptology and Information Security: Advances in Cryptology. London: Springer-Verlag, 566-582.

Bellare M, Rogaway P. 1993. Random oracles are practical:a paradigm for designing efficient protocols//Proceedings of the First ACM Conference on Computer and Communications Security. New York: ACM Press, 62-73.

Birkett J, Dent A W, Neven G,et al. 2007 Efficient chosen-ciphertext secure identity-based encryption with wildcards// Proceedings of ACISP 2007, LNCS 4586. Townsville: 274-292.

Blaze M, Bleumer G, Strauss M. 1998. Divertible protocols and atomic proxy cryptography// Proceedings of EUROCRYPT 1998, LNCS 1403. Heidelberg: Springer-Verlag, 127-144.

Boldyreva A, Goyal V, Kumar V. 2008. Identity-based encryption with efficient revocation// Proceedings of the 15th ACM Conference on Computer and Communications Security. NewYork: ACM Press, 417-426.

Boneh D, Boyen X, Goh E. J. 2005. Hierarchical identity based encryption with constant size ciphertext//Proceedings of EUROCRYPT 2005, LNCS 3494. Heidelberg: Springer-Verlag, 440-456.

Boneh D, Boyen X. 2004. Efficient selective-ID Identity based encryption without random oracles//Proceedings of EUROCRYPT 2004, LNCS 3027. Heidelberg: Springer-Verlag, 223-238.

Boneh D, Crescenzo G D, Ostrovsky R, et al. 2004. Public key encryption with keyword search//Proceedings of EUROCRYPT 2004,LNCS 3027. Heidelberg: Springer-Verlag, 506-522.

Boneh D, Franklin M K. 2001. Identity-based encryption from the Weil pairing//Proceedings of the 21st Annual International Cryptology Conference,LNCS 2139. Heidelberg: Springer-Verlag, 213-229.

Boneh D, Gentry C, Hamburg M. 2007. Space-efficient identity based encryption without pairings// Proceedings of FOCS 2007, Rhode Island: 647-657.

Boneh D, Hamburg M. 2008. Generalized identity based and broadcast encryption schemes// Proceedings of the 14th International Conference on the Theory and Application of Cryptology and Information Security: Advances in Cryptology. LNCS 5350. Berlin: Springer-Verlag, 455-470.

Boneh D, Waters B. 2007. Conjunctive, subset, and range queries on encrypted data// Proceedings of TCC 2007, LNCS 4392.Heidelberg: Springer-Verlag, 535-554.

Byun J W, Rhee H S, Park H A.,et al. 2006. Off-line keyword guessing attacks on recent keyword search schemes over encrypted data//Proceedings of 3rd VLDB Workshop on Secure Data Management, SDM 2006, LNCS 4165.Heidelberg: Springer-Verlag, 75-83.

Canetti R, Goldreich O, Halevi S. 1998. The random oraclemethodology, revisited//Proceedings of the 30th Annual ACM Symposium on the Theory of Computing. New York: ACM Press, 209-218.

Canetti R, Halevi S, Katz J. 2004. Chosen-ciphertext security from identity-based encryption// Proceedings of EUROCRYPT 2004, LNCS 3027. Heidelberg: Springer- Verlag, 202-222.

Canetti R, Hohenberger S. 2007. Chosen-ciphertextsecure proxy re-encryption//Proceedings of the 14th ACM Conferenceon Computer and Communications Security. NewYork: ACM Press, 185-194.

Chase M, Chow S. 2009. Improving privacy and security in multi-authority attribute-basedencryption// Proceedings of ACM Conference on Computer and Communications Security. Chicago: 121-130.

Chase M. 2007. Multi-authority attribute based encryption// Proceedings of TCC 2007, LNCS 4392. Heidelberg: Springer-Verlag, 515-534.

Chu G, Tzeng W. 2007. Identity-based proxy re-encryption without random oracles//Proceedings of ISC 2007, LNCS 4779. Heidelberg: Springer-Verlag, 189-202.

Deng R H, Weng J, Liu S, et al. 2008. Chosen-cipertextsecure proxy re-encryption without pairings//Proceedings of CANS2008,LNCS 5339.Heidelberg: Springer-Verlag, 1-17.

Diffie W, Hellman M E. 1976. New directions in cryptography. //Proceedings of IEEE Transaction on Information Theory, 22(6): 644-654.

Ding X, Tsudik G. 2003. Simple identity-based cryptography with mediated RSA// Proceedings of CT-RSA 2003, LNCS 2612. Heidelberg: Springer-Verlag, 193-210.

Dodis Y, Yung M. 2002. Exposure-resilience for free: The hierarchical id-based encryption case//Proceedings of IEEE Security in Storage Workshop. Washington: 45-52.

Elgamal T. 1985. A public key cryptosystem and a signature scheme based on discrete logarithms. //Proceedings of IEEE Transaction on Information Theory, 31(4): 469-472.

Fiat A, Shamir A. 1986. How to prove yourself: practical solutions to identification and signature problems//Proceedings of Advances in Cryptology-Crypto’86, LNCS.263. Berlin: Springer-Verlag, 113-115.

Gentry C, Halevi S. 2009. Hierarchical identity based encryption with polynomially many levels//Proceedings of TCC 2009, LNCS 5444. Heidelberg: Springer-Verlag, 437-456.

Gentry C, Silverberg A. 2002. Hierarchical id-based cryptography//Proceedings of ASIACRYPT 2002,LNCS 2501. Heidelberg: Springer-Verlag, 548-566.

Gentry C. 2006. Practical identity-based encryption without random oracles//Proceedings of EUROCRYPT2006, LNCS 4004.Heidelberg: Springer-Verlag, 457-464.

Gentry C. 2006. Practical Identity-based encryption without random oracles// Proceedings of Advances in Cryptology-EUROCRYPT 2006, Heidelberg: Springer-Verlag, 445-464.

Goldreich O, Ostrovsky R. 1996. Software protection and simulation on oblivious rams. // Proceedings of Journal of the ACM, 43(3): 431-473.

Golle P, Staddon J, Waters B. 2004. Secure conjunctive search over encrypted data//Proceedings of ACNS 2004, LNCS 3089. Heidelberg: Springer-Verlag, 3145.

Goyal V, Pandey O, Sahai A, et al. 2006. Attribute-based encryption for fine-grained access control of encrypted data//Proceedings of CCS, 89-98. New York: ACM Press, 221-238.

Goyal V. 2007. Certificate revocation using fine grained certificate space partitioning//Proceedings of FC 2007 and USEC 2007, LNCS 4886. Heidelberg: Springer-Verlag, 247-259.

Goyal V. 2007. Reducing trust in the pkg in identity based cryptosystems//Proceedings of CRYPTO 2007, LNCS 4622. Santa Barbara: 430-447.

Green M , Ateniese G. 2007. Identity-based proxy re-encryption//Proceedings of ACNS 2007, LNCS, 4521. Heidelberg: Springer-Verlag, 288-306.

Gu C, Zhu Y, Pan H. 2007. Efficient public key encryption with keyword search schemes from pairings//Proceedings of Information Security and Cryptology: Third SKLOIS Conference, Inscrypt 2007, LNCS 4990. Heidelberg: Springer-Verlag, 372-383.

Kamara S, Lauter K. 2010. Cryptographic cloud storage//Proceedings of International Conference on Financial Cryptography and Data Security. Berlin: Springer-Verlag, 136-149.

Kiltz E, Galindo D. 2006. Direct chosen-ciphertext secure identity-based key encapsulation without random oracles//Proceedings of Australasian Conference on Information Security and Privacy. Berlin: Springer-Verlag, 336-347.

Koblitz N. 1987. Elliptic curve cryptosystems. //Proceedings of Mathematics of Compution, 48(177): 203-209.

Kushilevitz E, Ostrovsky R. 1997. Replication is not needed: Single database, computationally-private information retrieval//Proceedings of FOCS. Miami: 364-373.

Libert B, Quisquater J J. 2003. Efficient revocation and threshold pairing based cryptosystems// Proceedings of the Twenty-second Annual Symposium on Principles of Distributed Computing. New York: ACM Press, 163-171.

Libert B, Vergnaud D. 2008. Unidirectional chosen-ciphertext secure proxy re-encryption// Proceedings of PKC 2008, LNCS 4939. Heidelberg: Springer-Verlag, 360-379.

Libert B, Vergnaud D. 2009. Adaptive-ID secure revocable identity-based encryption//Proceedings of CT-RSA 2009, LNCS 5473. Heidelberg: Springer-Verlag, 1-15.

Liu S, Chen K, Qiu W. 2007. Identity-based threshold decryption revisited//Proceedings of ISPEC 2007, LNCS 4464, HongKong: 329-343.

Miller V S. 1986. Use of elliptic curve in cryptosystems//Proceedings of Advances in Cryptology-CRYPTO85, LNCS 218. Berlin: Springer-Verlag, 417-426.

Naccache D. 2007. Secure and practical identity-based encryption. //Proceedings of IET Information Security, 1(2): 59-64.

Naor M, Yung M. 1990. Public-key cryptosystems provably secure against chosen ciphertext attacks//Proceedings of 22nd Annual ACM Symposium on Theory of Computing. New York: ACM Press, 427-437.

Park D J, Kim K, Lee P J. 2005. Public key encryption with conjunctive field keyword search//Proceedings of Information Security Applications, 5th International Workshop, WISA 2004,LNCS 3325. Heidelberg: Springer-Verlag, 73-86.

Pirretti M, Traynor P, Mcdaniel P, 2006. Secure attribute-based systems//Proceedings of ACM CCS'06. NewYork: ACM Press, 99-112.

Rackoff C, Simon D. 1991. Non-interactive zero-knowledge proof of knowledge and chosen ciphertext attack//Proceedings of Advances in Cryptology-CRYPTO'91, LNCS 576. Berlin: Springer-Verlag, 433-444.

Rhee H S, Park J H, Susilo W, et al. 2009. Improved searchable public key encryption with designated tester//Proceedings of the 4th International Symposium on Information, Computer, and Communications Security, ASIACCS 2009. New York: ACM Press, 376-379.

Rhee H. S, Susilo W, Kim H J. 2009. Secure searchable public key encryption scheme against keyword guessing attacks. //Proceedings of IEICE Electron, 6(5): 237-243.

Sahai A, Waters B. 2005. Fuzzy identity-based encryption//Proceedings of EUROCRYPT 2005, LNCS 3494. Heidelberg: Springer-Verlag, 457-473.

Shamir A. 1985. Identity-based cryptosystems and signature schemes//Proceedings of CRYPTO 1984, Heidelberg: Springer-Verlag, 47-53.

Shao J, Cao Z, Liang X, et al. 2010. Proxy re-encryption with keyword search. //Proceedings of Information Sciences, 180(13): 2576-2587.

Shao J, Cao Z. 2009. CCA-secure proxy re-encryption without pairings//Proceedings of PKC 2009, LNCS 5443. Heidelberg: Springer-Verlag, 357-376.

Shao, J. Xing D, Cao Z. 2008. Analysis of CCA secureunidirectional ID-based PRE scheme//Proceedings of Technical Report of TDT. Shanghai: Shanghai Jiao Tong University.

Song D X D, Wagner D. 2000. Adrian perrig. practical techniques for searches on encrypted data//Proceedings of IEEE Symposium on Security and Privacy. California: 44-45.

Ueli M. Maurer, Yacobi Y. 1996. A non-interactive public-key distribution system//Proceedings of Designs Codes and Cryptography, 9(3): 305-316.

Vivek S S, Selvi S S D, Radhakishan V, et al. 2011. Conditional proxy re-encryption-a more efficient construction//Proceedings of CNSA 2011, CCIS 196. Chennai: 502-512.

Waters B. 2005. Efficient identity based encryption without random oracles//Proceedings of EUROCRYPT 2005, LNCS 3494. Heidelberg: Springer-Verlag, 114-127.

Weng J, Deng R H, Chu, C. et al. 2009. Conditional proxy re-encryption secure against chosen-ciphertext attack//Proceedings of the 4th International Symposium on ACM Symposiumon Information, Computer and Communications Security (ASIACCS2009). Sydney: 322-332.

Yau W C, Heng S H, Goi B. 2008. Off-line keyword guessing attacks on recent public key encryption with keyword search schemes//Proceedings of The 5th International Conference on Autonomic and Trusted Computing, ATC 2008, LNCS 5060.Heidelberg: Springer-Verlag, 100-105.

Yau W C, Phan R, Heng S H, et al. 2011. Proxy re-encryption withkeyword search: New definitions and algorithms//Proceedings of Journal of Securityand Its Applications, 5(2): 149-160.

Zhang B, Zhang F. 2011. An efficient public key encryption with conjunctive-subset keywordssearch// Proceedings of Journal of Network and Computer Applications, 34(1): 262-267.

Zhang R, Imai H. 2007. Generic combination of public key encryption with keyword search and public key encryption//Proceedings of Cryptology and Network Security, 6th International Conference, CANS 2007, LNCS 4856.Heidelberg: Springer-Verlag, 159-174.